翻转课堂应用于
大学英语教学的创新路径研究

武汉理工大学出版社

杨　华　张丽红◎著

武汉理工大学出版社
·武汉·

内 容 提 要

翻转课堂是教育信息化的产物，它有着传统教学无法比拟的优势，将翻转课堂引进我国大学英语教学实践，可以全方位提高我国大学英语教学的水平和学生的英语综合素质。本书从翻转课堂、大学英语教学的理论基础分析出发，分析了翻转课堂模式应用于大学英语基础知识教学、听说教学、读写教学、翻译教学、文化教学的改革及创新，每一章中不仅有知识的介绍、理论的阐释，而且还从教学方法层面上进行了创新。另外，还针对翻转课堂应用于大学英语教学的教师能力发展要求进行了探索。

图书在版编目（CIP）数据

翻转课堂应用于大学英语教学的创新路径研究 / 杨华, 张丽红著. — 武汉：武汉理工大学出版社, 2023. 12

ISBN 978-7-5629-6983-9

Ⅰ.①翻… Ⅱ.①杨… ②张… Ⅲ.①英语－课堂教学－教学研究－高等学校 Ⅳ.①H319.3

中国国家版本馆CIP数据核字（2023）第249128号

责任编辑：尹珊珊
责任校对：严 曾　　**排　版：**米 乐
出版发行：武汉理工大学出版社
社　　址：武汉市洪山区珞狮路122号
邮　　编：430070
网　　址：http://www.wutp.com.cn
经　　销：各地新华书店
印　　刷：北京亚吉飞数码科技有限公司
开　　本：710×1000　1/16
印　　张：14.75
字　　数：234千字
版　　次：2025年3月第1版
印　　次：2025年3月第1次印刷
定　　价：88.00元

前　言

　　21世纪是信息化的时代，信息技术必将给世界带来前所未有的巨大变化，教育界必须顺应这一历史潮流，以教育信息化带动教育现代化，加快推进教育改革的步伐，这样才能在日益激烈的国际竞争中保持人才优势。作为一种新型教学模式，翻转课堂以信息化时代为背景，以信息技术为载体，给传统教育观念带来了巨大冲击，给传统课堂教学带来了突破与变革，也给教育的发展带来了新的契机与活力。与传统课堂教学相比，翻转课堂以师生之间的个性化互动替代了教师传统课程讲授；以先学后教的新形式颠覆了传统课堂上的灌输式教学模式，激发和提升了学生的创造性思维，培养了学生独立分析和解决问题的能力，使师生角色、教学媒体、教学方法、课堂内容和评价方式等方面都发生了转变。相对于传统课堂而言，翻转课堂更强调学习的自主性和交互性，而且丰富的网络资源也使得知识以更加生动形象的方式展现在学生面前。

　　当前，我国的大学英语教学面临着学生群体繁杂、课时压缩、教师教学疲惫等诸多难题，教学改革势在必行。翻转课堂从英语学习者的角度出发，在教学理念上寻求突破，令教师和学生的角色发生了改变，助力学生从"要我学"向"我要学"的方向转变，成为大学英语教学改革的又一种新的尝试。为此，作者在参阅大量著作文献的基础上，撰写了《翻转课堂应用于大学英语教学的创新路径研究》一书。

　　本书共有七章。第一、二章开宗明义，对翻转课堂与大学英语教学改革展开论述。第一章从翻转课堂的起源、发展、内涵、本质、理论基础等方面对翻转课堂进行介绍；第二章从大学英语教学的内涵、原则、改革历程、改革的目的与理念这几个层面对大学英语教学改革进行综述。第三章论述了翻转课堂应用于大学英语教学改革的必要性、可行性以及设计流程。第四章探讨了翻转课堂应用于大学英语教学内容的创新路径，重点对翻转课堂在大学英语词汇、语法、听说、读写、翻译、文化教学中的应用进行了深入剖析。第五章分析了翻转课堂应用于大学英语教学的多元化评价发展，首先分析大学英语教学评价的内涵、意义与原则，进而探讨大学英语翻转课堂教学评价的多元化手段。第六章对翻转课堂应用于大学英语教学的师生能力发展进行研究，首先分析大学英语教学中的师生问题，进而论述基于翻转课堂的大学英语教学中师生的能力与素质发展。第七章为本书的最后一章，研究了翻转课堂应用于大学英语教学的创新趋势，如基于翻转课堂的大学英语课程思政教学、生态教学、OBE教学等，也为本书画上了一个圆满的句号。

翻转课堂作为国际化创新型教学模式，有着传统教学无法比拟的独特优势。引进翻转课堂并将其应用于我国大学英语教学实践，可以有效突破当前大学英语教学发展的困境，为我国大学生的英语学习提供较大便利，从本质上实现大学英语教学的深化改革，从听、说、读、写、译等方面全方位地提高我国大学英语教学水平和大学生的英语综合运用能力。

本书根据我国大学英语教学的现状，从翻转课堂、大学英语教学基础理论出发，对翻转课堂理论应用于大学英语教学的相关内容与要素进行了详细探究。本书特点鲜明，优势突出。首先，本书将当下教育界关注的热点——翻转课堂运用于大学英语教学实践中，可谓观点新颖，而且顺应现代化信息教育背景下大学英语教学发展的方向。其次，本书注重理论与实践的结合，先从理论基础分析出发，再以此来指导大学英语教学改革的具体实践，做到了理论与实践的完美结合。总之，本书结构严谨，逻辑清晰，从理论到实践、由浅入深的结构安排符合读者的认知模式，而丰富翔实的内容、通俗易懂的语言便于读者理解和掌握，无论是对于教师教学还是学生学习，本书都有着重要的借鉴意义和参考价值。

本书在撰写的过程中参阅了大量有关翻转课堂与大学英语教学的期刊和文献，同时为了保证论述的全面性与合理性，本书也引用了许多专家、学者的观点。在此，谨向以上相关作者表示最诚挚的谢意，并将相关参考文献列于书后，如有遗漏，敬请谅解。由于作者水平有限，加之时间仓促，书中如有错漏在所难免，恳请同行专家和读者不吝指正。

作　者
2023年10月

目　录

第一章

翻转课堂综述

当前正处于信息技术高速发展的时代，信息技术不仅影响着社会发展的方方面面，同样也带来了教育技术上的革新。随着人们对教学研究的深入，翻转课堂日渐被人们了解与熟知。这一新兴的教学模式与以往的传统教学模式完全不同，是对以往教学模式的一种颠覆。本章就翻转课堂的基础内容进行综述。

第一节　翻转课堂的起源与发展

翻转课堂起源于美国。事实上，翻转课堂思想的形成与发展经历了博采众家之长的过程。包括中国在内的世界教育思想和智慧都或多或少对课堂思想的形成和发展产生了积极的影响。全面梳理翻转课堂的起源与发展的脉络，是了解翻转课堂本质的重要前提。本节将对翻转课堂的起源与发展进行探究。

一、翻转课堂的起源

一般认为，最早实验翻转课堂的是美国科罗拉多州落基山的林地公园高中的两位化学老师，将翻转课堂的影响扩大到全美甚至全球的是可汗学院。但事实上，翻转课堂的实践与研究可以追溯至19世纪早期的西点军校，因为翻转课堂的理念最早出现在西点军校。西尔韦纳斯·塞耶将军（General Sylvanus Thayer）有一套他自己的教学方法，即在课前，学生通过教师发放的资料对教学内容进行提前学习，课堂时间则用来进行批判性思考和开展小组间协作解决问题。这种教学形式已经具备翻转课堂的基本理念，也是翻转课堂思想的起源。

最早开展翻转课堂研究工作的是哈佛大学的物理教授埃里克·马祖尔（Eric Mazur）。为了让学生的学习更具活力，他在20世纪90年代创立了同伴教学法（Peer Instruction）。马祖尔认为，学习可以分为两个步骤，第一步是知识的传递，第二步是知识的吸收内化。传统的教学重视知识的传递，却往往忽视了知识的吸收内化。实验证明，同伴教学法恰好可以促进知识的吸收内化。在传统的讲授式教学过程中，知识信息的流动是单向的，既缺乏师生之间的互动。又缺乏学生与学生之间的交流。而同伴教学法讲究的是同类人即学生之间的学习互助。马祖尔将此教学法应用于物理教学，通过小组内学生对物理概念意义的讨论，使学生参与到教学之中，成为积极的思考者，以此促进学生对基本概念的理解以及提高解决问题的能力。随着信息技术的发展，出现了计算机辅助教学形式，知识传播的方式更加容易，所以马祖尔认为，教师的角色完全可以从演讲者变成教练，从传授者变为指导者，教师的作用在于侧重指导学生的互助学习，促进学生对知识的吸收内化。

2000年秋季学期，威斯康星大学麦迪逊分校在一门计算机课程中进行了翻转教学改革，使用了eTeach软件进行流媒体视频（教师讲解与PPT演示结合的视频）演示，以取代教师的现场讲座。放在网上的讲座视频允许学生在课外且注意力最集中的时候观看，同时还允许学生和教师用上课时间解决问题，增加师生之间的互动，极大地提高了课程的应用性、便利性和价值。

2007年，杰里米·斯特雷耶在博士论文《翻转课堂在学习环境中的效果：传统课堂和翻转课堂使用智能辅导系统开展学习活动的比较研究》中论述了翻转课堂在大学的设置情况。作者在自己讲授的统计和微积分课程中，把教学内容录制为视频作为家庭作业分发给学生观看，课堂上再利用在线课程系统Blackboard的交互技术，组织学生参与到项目工作中。斯特雷耶在论文中谈到学生们会控制正在观看的视频，因此能保持机敏地接受新信息。

可以看出，早期的翻转课堂实践，是在高等教育阶段的某一学科开展的初步尝试，希望借助视频帮助学生学习知识内容。从另一个侧面来说，早期的翻转课堂实践尝试更多的是一种计算机辅助教学形式。其蕴含着的教育理念：促进学生之间互助互学、增加师生交流互动、促进学生对知识的吸收内化等，这与后期发展的翻转课堂的教育理念之间是一脉相承的。

二、翻转课堂的发展

翻转课堂这种全新的教学模式已在美国科罗拉多州的部分地区逐渐流行，但是尚未在更大范围推广和发展。其原因是：很多教师虽然认可翻转课堂，愿意参与这种形式的教学试验，而要真正实施这种教学模式，需要满足一个重要条件：制作教学视频。但事实上并非每一位教师都能制作出具有较高质量的教学视频。美国出现了"可汗学院"并快速发展，使这个问题得到较好的解决，并推动翻转课堂向前发展。

2004年，为了给表妹纳迪亚辅导数学作业，萨尔曼·可汗（Salman Khan）在无意中创建了一种新的教学模式。在可汗帮表妹解决数学难题的过程中，通过被称作雅虎涂鸦的程序，他们可以看到对方在电脑上所写的内容。他们通过电话交流，制定好学习课程，决定从令纳迪亚烦恼的单位换算开始辅导。

可汗会编写代码，他列出一些练习题，让纳迪亚在网上练习，以检查她的学习效果。在可汗的帮助下，纳迪亚的数学进步神速。纳迪亚在重新参加的数学摸底考试中取得了优异的成绩。后来，纳迪亚的两个弟弟阿尔曼和阿里也要求可汗做他们的家教辅导。再后来，不少亲戚和朋友听说此事，他们又带来了一些朋友，可汗拥有近10名学生。

为了跟踪了解每一个孩子的学习进展情况，可汗开始将更多概念做成"模块"，并建立了数据库。由于雅虎涂鸦无法让很多学习者同时观看，于是可汗开始制作教学视频，并上传到YouTube网站给大家共享。可汗制作的视频都很短，只有10分钟左右，包含两个方面的内容——黑板上的草图和画外音，结合起来对一些概念进行讲解。在他发布的视频中，孩子们只能看见可汗的一双手在书写、绘图，听得到他的讲解，却看不见他这个人的样子，这样就减少了许多不必要的干扰因素。如果在视频中加入人的面部，学生就很容易分神，无法将注意力集中在视频讲授的知识内容上，而是更多倾向于观察讲课教师的特征和面部表情的变化，所以可汗决定在录制视频时不出镜。

可汗的第一段视频是在2006年11月16日上传到YouTube网站的，接下来便一发而不可收。就在他的视频发布不久后，在一个有关微积分的视频下开始有人评论："这是我第一次笑着做导数题。……我也是，我真的是度过了高兴和兴奋的一天。……我原来看过矩阵课本，但我更喜欢这里的，好像我学会了武功。……"此后，可汗每天都能收到感谢和鼓励的留言。不到5年，可汗制作教学视频从副业变成了主业，他俨然成了"网络数学教父"。

可汗于2006年创办了"可汗学院"（Khan Academy）。他又招募了艺术和历史方面的两位讲师。可汗学院的视频数量日益浩大，从数学的基础核心课程，如算术、几何、代数、微积分，到物理、生物、化学、金融等课程，内容非常广泛。可汗希望以自己的努力来改变人们学习的方式，"让任何人，在任何地方，都得到世界一流的教育"。令人感叹的是，可汗学院的所有视频课程均是免费的，世界各地的人们都可以免费观看，这正是可汗学院得到广泛支持的关键所在，也是打败传统教育机构的独门法宝。可汗学院的使命，就是让地球上的任何人都能随时随地享受世界一流的免费教育。

可汗成为美国业余教育的精英，受到人们的热捧。2011年3月，可汗在加州长滩举行的TED2011大会上应邀发表演讲，全体听众起立鼓掌。比尔·盖茨当场上台，就可汗的项目与之交流。可汗的免费网站得到了越来越多科技领袖们的财力支持，这成为它发展壮大的坚强后盾。如今，可汗学院的教学已经通过网络走进世界各地的实体教室。在一些地方，它甚至已经取代了教科书。

2011年11月，加州洛斯拉图斯学区的学校正式与萨尔曼·可汗合作，率先在五年级和七年级引入了可汗学院课程，并在可汗的帮助下开启了一套崭新的教学系统。学生和教师共同使用可汗学院的网站。学生登录网站观看视频并做练习题，教师作为"教练"在后台察看全班学生的学习数据。"蓝色"代表这名学生正在学习，"绿色"代表他已经掌握了知识点，"红色"代表他的学习存在问题。教师能通过数据知道学生的真实水平，了解他们每天看视频的时长和进度，以便为学生提供更有效的学习指导。当学生观看视频发现不懂的地方时，学生可以随时发邮件提出问题，可汗学院会在线回答问题，每秒钟可以回答15个问题。可汗还在网站上设计了一种基于自动生成问题的Java软件：只有当学生全部答对1套（10道）题后，Java软件才会提供更高一级的题目；做到某一步，奖励学生一枚勋章。这种"满十分前进"的模式让孩子们能够循序渐进地快乐学习。改进后的练习系统还能生成一个知识地图，帮助学生做出学情分析，并用图表方式反馈给学生，让学生知道自己哪里薄弱、哪里需要进一步学习和改进。

从参与可汗学院教学试点项目的学生中，惊喜地看到了成果：学生的学习成绩没有下降，反而有了显著的提升。从学习成果看，与前一年相比，七年级学生的平均分增长了106%，七年级顺利毕业的学生人数增长到了原来的两倍，有的学生成绩等级连跳两级。可汗学院的教学方式也改变了学生的性格，学生更加刻苦努力地学习，开始承担属于自己的学习责任。其他新试点项目也取得了类似的结果。

在美国的其他地方，一些一线教师直接把可汗学院的视频加入到自己的翻转课堂中，省去了自己录制教学视频的技能困扰。毕竟录制高质量的教学视频除了需要熟悉技术操作外，更需要有高超的教学讲解技能。

可汗学院的规模越来越大。截至2014年1月，YouTube上的"可汗学院频道"共吸引了1633万订阅者，观看次数超过3.55亿次。到目前为止，可汗已经制作了4800段教学视频，所有的这些教学视频是完全免费的。同时，教学视频覆盖的内容非常广泛，从基础数学运算到高等数学中的微积分，从物理到金融再到生物，从化学到法国大革命，各学科知识应有尽有。

可汗的免费在线教学视频迅速推动了翻转课堂的进一步普及。可以说，翻转课堂是伴随着可汗学院蹿红全世界而被更多教育工作者了解的。现在已经有包括中国在内的越来越多的国家和地区的教师开始了翻转课堂教育教学实践。

第二节　翻转课堂的内涵与本质

翻转课堂源自美国，随着信息技术的发展备受关注。作为一场全球性教育界的变革，翻转课堂是一种新型的教学模式，在教育信息化、全球化的今天有着重要的意义。基于此，本节就对翻转课堂的内涵与本质进行研究和探讨。

一、翻转课堂的内涵

翻转课堂又可以称为"颠倒课堂"，其教学过程包含两大阶段：一是知识传授，二是知识内化。在传统教学模式中，教师往往会通过课堂知识传授的形式传输给学生，学生通过课后作业的完成情况和具体的实践来实现知识的内化。与这一传统教学模式不同，在翻转课堂教学模式中，教师根据自己的教学计划对课前预习的内容进行布置，学生则主动利用各种开放资源来获取知识，在课堂上与教师进行探讨，然后完成学习任务，最后内化为自己的知识。

所谓翻转课堂模式，是指在课堂进行之前，学生利用教师给出的视频、音频、开放网络资源、电子教材等学习材料，自主完成课程内容，然后在课堂上主动参与教师的互动活动，最终完成学习任务。

2004年，翻转课堂模式由萨尔曼·可汗（Salman Khan）提出后，取得了巨大成功。因此，可以说可汗是翻转课堂模式的创始人。

近些年，翻转课堂模式在国内产生了巨大影响。作为一种基于网络多媒体的新型教学模式，翻转课堂模式是对传统教学流程的颠覆，这对于学生展开自主学习而言是非常必要的。作为一种新型成功授课方式，翻转课堂对我国高校教育大有裨益。但是，翻转课堂不属于在线课程，也不能运用视频代替教师，它只是师生之间进行互动的方式，为学生的自主学习提供了广泛的实践空间，从而获得个性化的发展。

现行教育体系建立的目的在于满足工业时代的需要。1899年，美国教育专员威廉·哈里斯（William T Harris）提倡在美国的各大高校中展开机械教学模式，这一模式使得学生"中规中矩"。但这显然与当前经济发展、生活水平不相符，只有对学校教育体系进行革新，才能跟上时代的步伐。换句话说，就是源于工业革命时代的机械教学模式逐渐被当前的新兴教学模式替代。

在传统教学模式中，知识习得需要经历知识讲授、知识内化、知识外化三个步骤。教师通过课堂完成知识的讲授，而学生在课后任务和作业中完成知识的内化。但是，在当前云教育、云学习的技术条件下，教师可以通过"云课程"及媒介来展开教学，当学生在学习中遇到困难时，教师可以对其进行排解和启发，既保证了师生之间的平等交流，也保证了学生知识的进一步深化。简单来说，从先教授后学习转向先学习后教授，这就是所谓的课堂翻转。

综上所述，翻转课堂模式是对传统教学模式的变革，师生及教学方式在教学过程中都发生了质的改变。

二、翻转课堂的本质特征

从上面的定义可知，翻转课堂是在传统课堂基础上的一种创新，这恰好反映了翻转课堂的本质特征，具体来说表现为如下几点。

（一）教学流程的革新

教学流程的翻转，通常又称为"教学流程再造"。

很多年以前，人类就探索利用教育技术（教学视频）实施教学，如20世纪50年代，世界上许多地区都尝试过广播电视教育。为什么当年所做的探索没有对传统的教学模式带来多大影响，而翻转课堂却备受关注呢？这不是视频媒体的错，而是有如下两个原因。

（1）当时的电视技术并不普及，无论是电视硬件设备还是电视教材资源，都极其昂贵。而传统的班级授课形式，成本低、效率高。因此，电视教学并不能取代传统教学形式。

（2）虽然随着信息技术的发展，视频教学资源的制作和应用成本大大降低，一些教育技术专家进行信息技术与课程整合的试验，试图将信息技术应用到课堂教学，并将传统灌输式教学改造为协作式探究学习，但由于传统的教学流程并没有给信息技术的应用和协作探究活动留下足够的时间和空间（一节课的时间是恒定的，传授知识的时间不能减少，协作探究就没有时间），大规模的教学改革试验并没有取得原来期望的结果。

延续了400多年的传统课堂教学，虽然历经无数次的改革与调整，但主要是围绕着教师如何讲授得更好为中心展开的。直到现在，基本的教学流程仍然没有变，就是课堂上教师力求深入浅出地将新知识传授给学生，课后学生通过完成作业加以巩固。其主要的优势是运送知识的效率非常高，主要的缺陷是同步性和灌输性。同步性忽视了学生接受能力的差异性，灌输性忽视了对知识的探究，这些都不利于创新型人才的培养和个性化发展。

翻转课堂的教学流程与传统课堂不同，它将知识传授的过程前移至课前，将知识内化过程放在课堂上。学生在课前观看教学视频进行新知识的学习，代替教师的课堂讲授，并将课堂的时间和空间腾出来，让学生完成作业，并进行师生、生生之间的互动和答疑等活动。这样做有如下两个好处。

（1）学生通过观看视频学习，掌握学习的主动性，对自己的学习负责，解决传统课堂教学中优等生"吃不饱"、差等生"吃不了"、中等生"吃不好"的问题，体现了孔子"因材施教"的教育理想。

（2）翻转学习目标的可操作性，有利于学生对知识的探索和创造。对照布鲁姆的学习目标分类（记忆、理解、应用、分析、评价和创造），与传统教学相比，翻转课堂将难度最小但拥有更多选择权的学习环节（记忆、理解）放在最自由的课前学习时间（学生可以按照自己的节奏和个性掌握视频学习），而将难度最大又需要同伴互助和教师点拨指导的学习环节（应用、分析、评价和创造）安排在课堂上完成，各安其位，各得其所。

根据混合学习理论，一些良构性、基础性的知识适用于课前接受学习（适合应用奥苏贝尔的有意义接受学习理论进行指导），一些劣构性、复杂性的知识则适合在课堂上建构学习（适合应用建构主义学习理论进行指导），因此翻转课堂被认为是接受学习理论与建构主义学习理论的混合应用。

（二）教育理念的变更

翻转课堂的教育理念是由"以教为中心"转变为"以学为中心"。翻转课堂被看作"以学生为中心"的学习模式。一直以来，课堂都是以教师为中心，教学就是教师站在讲台上给学生讲课，即使教师将课讲得非常精彩，也总有学生不能融入其中。翻转课堂，让教师下台，学生上台，课堂变成以学生为中心。

（三）师生角色的转变

很多研究者认为，翻转课堂通过对"传递信息"和"吸收内化"过程的翻转，使得教师由知识的传授者转变为学生学习的指导者、服务者，学生由被动的接受者转变为主动的研究者。

（四）教学结构的创新

实际上，很多学者认为翻转课堂并没有翻转教学流程，依然遵守从学习知识到内化的时间顺序。翻转课堂翻转的是教学结构，即从"学习知识在课堂，内化知识在课外"的结构转化为"学习知识在课外，内化知识在课堂"的结构。

（五）学习活动与学习环境的匹配

按照学习过程是否需要交流协作，可以将学习分为独学和群学。独学以独立思考为特征，如知识传授；群学以协作交流为特征，如知识内化。学习环境也有两类：私环境和公环境。私环境如家里，安静，干扰少，适用于独立思考，适用于独学；公环境如教室、其他公共场所，适用于交流分享、协作探究，适用于群学。

翻转课堂将"在课堂学习知识，在家完成作业"的方式转变为"在家观看视频学习知识，在课堂讨论学习"，实现了学习方式与学习环境的完美匹配，即适宜群学的学习内容和与适宜群学的环境相互匹配，适宜独学的学习内容与适宜独学的学习环境达到高度的统一。翻转课堂的最大潜力和最大特色可以认为是实现学习活动与学习环境的完美结合与匹配。

（六）育人本质与育人目标的转换

无论是教学流程的再造，还是教育观念的转变，无论是师生角色的转换，还是教学结构的翻转，改变的都是课堂教学形式和教学手段，但翻转课堂的核心是适应信息化背景下学校教育变革的需要，改变旧的育人目标并相应地改变教学的环境和形式。

第三节　翻转课堂的理论基础

一、掌握学习理论

所谓掌握学习，即学生在自身掌握足够的时间与最佳的学习条件的前提下，掌握学习材料的一种手段。这一理论是由卡罗尔提出的，并且卡罗尔认为，学生的学习能力有的比较快，有的却很慢，但是只要为他们准备充足的时间，那么他们都会学会的。

之后，布卢姆（B. S. Bloom）在卡罗尔的理论的基础上，提出了"掌握学习"教学法[1]，这一理论对后期的教学模式改革提供了帮助。在布卢姆看来，掌握学习的核心在于学生之所以未取得好成绩，并不是他们的智力不够，而是因为他们的时间不足。因此，只要给予他们充足的时间，那么他们的智力就会被激发出来，就能顺利完成学业。[2]

---

[1] B. S. Bloom Learning for mastery[J]. Evaluation Comment，1968（1）：1−12.

[2] B.S.布卢姆，等.教育评价[M].邱渊，王钢，译.上海：华东师范大学出版社，1987：121.

二、学习金字塔理论

美国学者埃德加·戴尔（Edgar Dale）率先提出"学习金字塔（Cone of Learning）"理论，它用数字形式形象显示了学生采用不同的学习方式在两周以后还能记住的内容多少（平均学习保持率），如图1-1所示。[①]

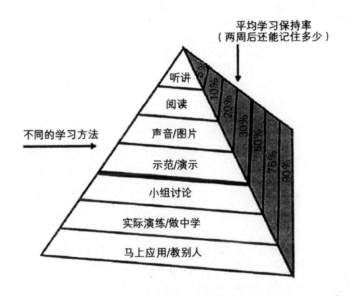

图1-1　学习金字塔理论

由图1-1所示可以看出，学习方法不同，其学习效果也必然不同，并且通过分析可知，其能够揭示出由传统灌输学习转向体验式学习是如何影响学生学习进度的，也能够为学生提供提升学习效率的路径。

---

① Dale Edgar. Audio-Visual Methods in Teaching[M].New York：The Dryden Press，1954：198.

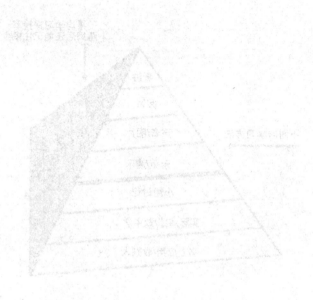

第二章

大学英语教学改革综述

　　随着社会的发展、科技的进步，人们学习英语的热情越来越高涨。英语是世界通用的重要语种之一，在国与国之间的交往中发挥着重要作用。大学英语教学是高等教育的重要组成部分，其教学的目的是提升学生的英语综合能力，以便用于日后的交际。本章重点探讨大学英语教学的内涵、原则、改革历程、目的、理念这几个方面的内容。

第一节　大学英语教学的内涵与原则

一、大学英语教学的内涵

（一）教学的定义

在分析当代大学英语教学的内涵之前，首先需要对教学这一概念进行了解和掌握。由于对教学的关注点不同，不同的学者对其定义也有所差异。

学者胡春洞认为，"教学"应该包含两个层面的关系。（1）教与学是一种并列的关系。（2）教学是一种教授学习的使动关系。从这两个角度出发能够看出教学的辩证关系和双向关系。教与学是息息相关的，教应该以学为基础，从学的角度出发，并以学为目标。教的规律和学的规律在一定程度上是统一的。

《英汉双解现代汉语词典》（2002）给出的教学的定义是：教师把知识、技能传授给学生的过程。该定义是一种狭义的理解，是把"教学"当作一个术语来理解。

《朗文词典》（*Longman Dictionary of Contemporary English*，2003）将teaching定义为：work or profession of a teacher，也就是教书、教学的意思。此外，它还对teachings进行了阐述：the moral, religious, or political ideas of a particular person or group which are taught to other people，也就是"教导、学说、教义"的意思。可见，teaching与teachings是两个完全不同的概念。但是，这两个定义都没有全面覆盖"教学"的真正含义。

综合上述关于教学的定义，教学应该包含三层含义：教学（teaching）、"教"与"学"（teaching and learning）、教如何学习（teaching how to learn）。

（二）英语教学的本质属性

英语教学不仅仅是一种语言教学，同时也是一种文化教学。下面对这两个方面进行分析。

（1）英语教学是一种语言教学。英语是一种重要的交际语言，因此其教学便是一种语言教学。语言教学的目的是培养学生使用语言的能力。对于中国人来说，英语作为第二语言，是一门外语，英语教育也就是外语教育。从人类外语教育的发展历史来看，外语教育离不开外语知识教育，以外语知识为基础的外语教育有利于学生外语能力的培养。因此，英语教育作为语言教育，其本质应该是培养学生综合运用英语的能力。

需要特别指出的是，一些为了学习语言知识而进行专门研究的语言教学并不是以运用语言为目的的，因此对其的教学并不属于语言教学的范畴，如古希腊语的研究、古汉语的研究等。这些语言在当今社会几乎不再使用，因此这种语言学习需要和语言教学区分开。

（2）英语教学是一种文化教学。文化孕育语言，语言反映文化，二者有着密切的联系。在进行英语教学的过程中，不仅需要学生了解基本的语言知识，同时也需要培养和提高其英语思维，从而便于日后的语言使用。从这个意义上说，英语教学也是一种文化教学。

（三）当代大学英语教学的内涵与定位

由于英语是我国的第二语言，因此缺乏一定的语言使用环境与使用对象，这就对当代大学英语教学提出了一大难题。可以说，大学英语教学能够直接影响大学生的英语水平和语言运用能力。下面就从以下两个层面对其进行分析。

1.基本内涵

大学英语教学是一种教育活动。对教师而言，教学是引导学生学习的教育活动；而对学生来说，教学则是在教师引导下进行的学习活动。学生是否得到发展是教学能否实现其目标的关键。教学是一个师生互动的过程，是教师教和学生学共同完成预定任务的双边统一的活动。具体来说，英语教学的内涵主要包括以下几个方面的内容。

（1）大学英语教学是有目的的活动。在英语教学的不同阶段，其教学有着不同的目标，而教学目标又具体分为了不同的领域与层次。

（2）大学英语教学带有系统性和计划性。这种系统性主要体现在其制定者，主要是教育行政机构、教研部门和学校的教学管理者等。英语教学的计划性指的是对英语基础知识的计划性教学，如英语语音、词汇、语法、写作、阅读等具体知识和技能的传递。

（3）大学英语教学需要采取合理的教学方法和教育技术。英语教学经过深厚的历史积淀，形成了大量有效的教学方法。现代科学技术，尤其是信息技术的发展，为英语教学提供了可以借助的多种教育技术。

综上所述，我们可以将当代大学英语教学的内涵概括为：教师依据一定的英语教学目的与教学目标，在有计划的系统性的过程中，借助一定的方法和技术，以传授和掌握英语知识为基础，促进大学生整体素质发展的教与学相统一的教育活动。

2.教学定位

当代大学英语教学的定位问题在英语教学中起着根本性的作用，定位得当，大学英语教学可以更好的满足社会的需求；定位不当，就将会被社会淘汰。虽然大学英语教学只是当前我国外语教育的一部分，但是具有我国整体外语教育的共性：规模大、多元化，但规划不足、布局不够合理等，从而导致英语教学中出现了"费时低效""哑巴英语"和"聋子英语"等严重的问题。现在高等院校毕业生中高水平的外语人才流失严重。教学整体规划不完善必然影响大学英语教学健康有序的发展。因此，高校大学英语教学应以地域性与学科性为纵轴、以需求性与前瞻性为横轴、以师资建设为保障线进行科学定位与整体规划。

由于大学英语教学受地域性、学科性、需求性以及师资力量的限制，因此高校应根据不同学生的情况做出不同的规划。新形势下要求大学英语教学必须重新定位，大学英语教学的目的应该是，培养大学毕业生在专业领域方面的英语实际应用能力。英语学习不是一朝一夕的事情，是一个循序渐进的过程。这不仅是因为与考试息息相关，更重要的是影响以后的交流与工作。以土木工程学生为例，学生毕业时不仅应该会用英语写招标文件、做合同，并且能用英语设计和讲解图纸。由于学生在学校学习的年限有限，学生在这方面的能力不可能尽善尽美，但至少应具备一定的能力，为在今后的工作中进一步提高打下基础。

综上所述，当代的大学英语教学要有明确的定位，戴炜栋教授的观点是建设具有中国特色的"一条龙"英语教学体系，使教学贯穿起来。在贯穿的基础上，以基本国情为出发点，建立以综合英语为基础的多元化教学模式。

二、大学英语教学的原则

教学原则是教师根据一定的教学目标，并遵循一定的教学规律来指导教学的一项基本要求和行为准则。大学英语教学的基本原则不仅应该反映英语这门学科的特点，也应该反映学生学习英语的心理特点，同时还应该反映中国人教授英语与学习英语的特点。在具体的教学实践中，笔者总结了一些基本的教学原则，用以指导当前的大学英语教学，具体包含如下。

（一）真实性原则

英语教学的主要目的就是培养大学生的语言运用能力，实现多种多样的课堂活动，提高学生的交际能力。而要实现这一目的，教师就必须要强调真实和有意义，也就是要贯彻真实性原则。具体而言，大学英语教学的真实性原则主要表现为如下四点。

1.语言材料的真实性

在大学英语教学中，学生接触的语言材料大多是编者或教师根据教学目标改编而来，这些材料一般具有信息量大、系统性强、便于课堂实现等优势。但不得不说的是，仅仅依靠这些教学材料对于培养学生的实际运用能力是非常困难的。同时，由于在社会和家庭中缺乏语言学习环境，课堂成了学生学习英语的唯一场所，因此保证语言材料的真实性就显得十分必要。

努南（Nunan）将坚持语言材料的真实性的意义概括为以下两点。

（1）真实的语言材料往往具有非真实材料缺乏的一些特定言语特征。例如，在口语真实语言材料中，其往往会具备如下几个口语言语特征：发话人话语的犹豫、重复、自我修正等。当这些材料被编入教材之后，往往会对其进行润色，从而实现所谓的顺畅，但很明显就丧失了其真实性。

（2）真实的语言材料能够使得课堂教学更具多样性和趣味性。如果仅仅依靠教材上的一些枯燥的语法、句型等，或者一些脱离实际的语言材料，往往会让学生觉得索然无趣，因此就很难融入英语教学中，也很难提高自己的学习效率。

从努南的观点中不难发现，语言材料的真实性十分必要。一般来说，语言材料的真实性主要包含两点。

（1）材料内容要真实

语言材料的内容应该尽可能地贴近学生的生活。这里的生活除了包含他们课上、学校内的生活，还包含学生课外、学校外的生活。通过这些与生活贴近的语言材料的学习，学生会感受到英语学习的实用性价值，会让他们真正体会到不仅仅是为了学习英语而学习英语，而是通过学习英语来接触社会、表达情感等，从而增加他们英语学习的积极性。

（2）语言形式要真实

语言材料的真实性还体现在语言形式上。具体而言，听力训练、口语训练从一开始就应该与学生的真实生活相结合，通过反复地、长时间地接触真实的东西，可以使他们慢慢适应语言材料的风格与发话人的语速，从而提升学生的听力水平；词汇、语法的选择要指向生活，那些平时生活中交流要用到但是不雅的词汇、句子等也应包含在语言材料中；阅读材料、听力材料应该具有多样性，应将多种体裁、题材等包含在内。

2.语言环境的真实性

在大学英语教学中，语言环境的真实性也是十分重要的，有助于帮助学生形成语境化的参考框架，构建主动的推理机制和语义表达，是提高学生表述能力和话语理解等能力的有效途径。

语言环境包含情景语境和文化语境，前者属于显性因素，后者属于隐性因素。

在课堂教学中，教师在布置任务时应该对各相关的语境因素有一个明确的规定，并且利用各种条件创设语境，使学生能够在真实的语言环境中进行操练。例如，多媒体等手段的使用就有利于真实性语言环境的构建。

另外，文化语境的参与往往是比较隐性的。在大学英语教学中，教师可以将日常交往中的中西方文化差异进行归纳、总结，这对于提高学生的跨文化交际能力有着积极作用。通过对比，可以让学生了解两种文化的价值观念、思维方式、社会规范等，从而使学生在地道的语言环境中锻炼自己的语言能力。

3.教学环节的真实性

在大学英语教学中，教学环节也要保证真实性。也就是说，学生在教师的指导下，通过真实感知、真实体验、真实实践、真实参与、真实合作等方式，完成教学和学习任务、感受成功。同时，教师在教学中需要不断进行策略和情感调整，从而使学生形成积极的学习态度，完善自己的学习过程，提升自己的语言运用能力。在真实的教学环节中，师生可以共同完成任务，使学生自然地习得英语这门语言。

4.教学能力的真实性

英语教学的目标不是培养学生的语法能力，而是语用能力。而这一能力往往贯穿于英语教学的始终，并且在教学中的各个环节都有融入。

在课堂中，教师应该设计一些具体的活动来让学生对语言进行运用。近些年，任务型教学法就非常注重语言运用。通过运用，学生可以更好地传达意义和情感。

（二）合作性原则

大学英语教学需要坚持合作性原则，这不仅是大学英语教学的一个新的教学手段，还是能够保证学生在生理上、心理上、认知上、情感上投入学习的一个重要手段，是改变传统的被动学习、实现主动学习的重要步骤。具体而言，大学英语教学的合作性原则主要包含如下几点。

1.生生之间的合作

所谓生生合作，就是学生与学生之间互动、互补，在学生与学生之间建立一种平等、安全、宽松的心理氛围，这是合作性教学中最有效、最直接的手段。众所周知，创造人格的一大表现就是勇于竞争、善于合作。学生与学生之间的合作学习不仅可以培养学生的竞争意识、合作意识，还可以达到学生与学生间竞争与合作的成效。

一般来说，合作学习往往以小组合作作为导向，以小组间完成任务作为载体，通过团体评价机制这一保障体系，促进小组内学生之间的竞争与合作，实现小组成员之间的互补。这一合作与互动促成了学生之间的交流，弥补了学生个体的不足和片面性，形成了一种创造性的合力。

总之，学生与学生之间的合作学习一定程度上保证了学生思维的积极状态，使复杂的学习过程简单化，激发了不同学生个体的潜能。因此，在大学英语教学中，教师应该从以下几个层面安排课堂教学，以保证学生与学生之间的合作。

（1）从不同学生个体的具体情况出发，将学生分成适应学生学习要求的小组。

（2）为学生确立他们经过努力就可以实现的学习目标。教师应针对学生个体的学习情况、能力水平、知识基础等，将每一节课的内容划分成多个层次，使学生都能从自己的实际水平出发，通过合作学习实现自己的预期目标。

（3）要求学生与学生之间进行协作讨论。在课堂上，教师应给予学生足够的思考问题的时间和机会，让学生主动参与到思考中。一旦学生的思维处于积极的状态，他们就会不断探索和学习。同时，小组合作式的讨论也可以激发学生思维的广度和深度。当学生经历足够的思考之后，教师给予学生一定的反馈时间，让学生对自己及自己的知识有一个充分的认知，并通过合作来纠正自己的错误，使知识得以进一步巩固。

（4）创设情境让学生有实际运用语言知识的机会。

（5）对于学生表现，学生自己应进行自我评价，进而由合作小组内其他成员对其进行评价，最后再由教师进行评价，并给予一些可行性的改正意见。

（6）课堂结束后，学生仍旧可以延续合作竞争式学习，以形成合作式系统。

2.师生之间的合作

进入21世纪，知识经济在突飞猛进的发展，获取知识的途径也多种多样。但对于在校大学生而言，学习英语的主要途径仍旧在课堂。在英语课堂教学中，教师不仅应该让学生掌握一定的英语知识，还应该让他们不断培养自主学习知识的能力，即"会学知识"，形成终身学习的意识。

虽然"学会知识"和"会学知识"仅仅存在一字之差，但是其含义却不同。很多学生都懂得广泛接触英语是非常重要的，但是在实际生活中他们并没有做到这一点。导致这一现象出现的原因除了学习时间不足外，最重要的原因是学生不知道如何学习，不知道如何广泛接触英语，不知道如何主动学习。因此，在大学英语教学中，教师应该给予学生足够的引导，向学生传授英语语言的特点及学习的步骤，使他们懂得英语学习是一个复杂的心理活动和社会活动。作为一种心理活动，学生需要利用各种学习技巧来解决学习中的问题，合理调用已有知识，储存新的知识，从而吸收和消化语言素材；作为一种社会活动，学生需要积极主动地与他人进行合作，保持良好的社会关系，从而实现共同提高。

另外，教师需要从学生个体的认知风格出发来安排学习任务，注意激发不同学生的学习特长，从而对学生的英语学习起到积极的促进作用。

在具体的教学过程中，教师应该做到如下两点。

（1）根据教学进度，教师应对教学内容进行转化，即转化成一组一组面向全体学生的、序列性较强的问题，用这些不同的问题来激发学生的行为和动机。

（2）在课堂上，教师应要求学生上台演讲、扮演角色、进行辩论等，用这些活动来激发学生的学习热情。

3.师生与教材之间的合作

课堂教学离不开教材，因此也需要实现师生与教材间的合作，并以提高学生的英语综合运用能力为主。大学英语教学应帮助学生打下坚实的语言基础，掌握恰当的英语学习技巧，提高自身的文化素养，以不断适应社会发展的需要。但是，长期以来，大学英语教师只有考试意识和教学意识，而没有课程意识；只考虑如何将内容全面地传授给学生，提高学生考试的通过率，而忽视了教什么、怎么教的课程意识。因此，在大学英语教学中，教师除了教授课本规定的内容外，还应该合理、主动地调整和丰富教学内容，将教材与教学紧密联系起来。

具体来说，教师应该从以下几点着手。

（1）针对不同学生的学习情况，教师应提供不同层次的学习材料。

（2）在教学中，教师应指导学生利用网络、报刊、书籍等媒介来获取更多、更丰富的知识，从而解决教学和学习中的难题。

（3）教师可以利用现代信息技术拓展教学的深度和广度，使合作教学更加方便、快捷。

（三）系统性原则

在大学英语教学中，为了能够让学生对所学的英语知识有一个完整、系统的把握，教师还需要坚持系统性原则，保证学生将新旧知识贯穿起来。具体而言，大学英语教学中的系统性原则要求教学工作、教学内容、学生的学习都要具有系统性。只有保持了这些层面的系统性，才能处理好教学活动的顺序、学科课程的体系、科学理论的体系及学生发展的规律，从而保证教学有序的进行。

1.教学工作安排要系统

在大学英语教学中，教师安排教学工作要有计划性和系统性。具体来说，主要应做到如下几点。

（1）备课要有计划性。教师在备课时不能要讲哪些内容就备哪些内容，应该根据单元或者每一篇课文进行系统化的备课。将一篇课文或者整个单元全部备完。

（2）讲解要主次分明、前后连贯、逐步深入。也就是说，新旧知识应该贯穿起来，一环套一环，使讲解构成一个有机而系统的整体。

（3）教学步骤和技巧应与学生语言的掌握过程相符合。也就是说，教学中应从课程的最终教学目的出发，从简单到复杂，逐步提高教学要求。

（4）练习的设置要具有计划性和体系性。计划性就是要求首先进行训练性练习，再进行检查性练习；体系性就是要求相同的练习也可以呈现不同的要求。

（5）作业的布置应与教学重点相结合。也就是说，作业的内容要有明确的目的，不仅要考虑课内，还需要考虑课外。

（6）要经常检查学生知识和技能的掌握情况，课堂上可以采用一定的提问形式，并对课下作业进行评定。

2.教学内容安排要系统

在大学英语教学中，教师内容的安排要有顺序性和系统性。例如，大一、大二年级的英语教材内容的安排应该是圆周式的，对该系统不要机械地去理解，而应该灵活运用。简单来说，就是教师应根据教材安排的特点，加上教授班级的情况，对教学内容进行合理组织和安排，确定讲课的重点。如果出现生词，教师不要急于将该单词的所有解释、用法全部教授给学生；如果出现一条语法规则，教师不要将这条规则的所有知识全部教授给学生，面对这些问题教师应该分步教授，这样才能从简单到复杂，从分散到系统。

3.学生学习安排要系统

除了教学工作、教学内容的安排要具有计划性、系统性之外，学生的学习安排也应该具有系统性，也就是教师要引导学生进行连贯学习。因此，在大学英语教学中，教师对不同层次的学生都应该具有耐心，经常及时地带领学生进行复习。

此外，教师还应引导学生正确处理好平时测试和期末考试的关系。教师需要让学生知道，应该将英语学习的重心放在平时，而不仅仅是为了应对期末考试，坚决反对那些平时不努力、临时抱佛脚的学生的做法。

（四）兴趣性原则

正如爱因斯坦所说，兴趣是最好的老师，是推动学生不断进步的强大动力。在英语学习中，一开始学生是很有兴趣的，这是对新事物的好奇，但是由于之后教师的教学不当、考试体系不当而导致学生逐渐丧失了学习英语的兴趣。如果丧失了学习兴趣，那么很容易导致学生惧怕英语学习，因此教师必须要考虑学生的兴趣问题，坚持兴趣性原则。具体而言，教师可以从如下几点着手。

1.要了解学生真正的兴趣点

教师坚持兴趣性原则，首先就应该了解学生真正的兴趣点，关注他们感兴趣的问题和话题，这样才能做到因需施教。这就要求在平时的教学中，教师应该不断收集和发现学生感兴趣的问题，并将这些问题设计成课堂教学的素材，从而激发学生的学习动机和积极性。

2.要了解和鼓励学生的进步

除了了解学生感兴趣的问题外，教师还应了解和鼓励学生的进步，通过多鼓励、多表扬不仅可以激发学生的学习兴趣，还可以培养学生的成就感和自信心。对于大学生来说，学习的效果往往与他们的学习兴趣有很大关系。因此，在大学英语教学中，教师可以采用奖品鼓励、荣誉鼓励、情感鼓励、任务鼓励等多种手段来鼓励学生，从而让学生主动参与、体验成功，学习英语的兴趣也会在这之中逐渐培养起来。

3.要深挖教材以激发学生的兴趣

教材在英语教学中有着重要作用。教师如果想调动学生的英语学习兴趣，还需要考虑教材的作用。因此，在准备教学时，教师应该对教材进行深入研究和挖掘，发现其中的兴趣点，最大限度地降低其中的枯燥点，从而保持课堂内容的新鲜感，让学生的学习更充满乐趣。

4.要改变传统的英语教学与评价方式

在传统的大学英语教学中，死记硬背、机械操练问题是常见的，这虽然一定程度上对于学生掌握基础知识是有帮助的，但是过多地死记硬背、机械操练反而更容易导致教学乏味、死板，使学生丧失学习英语的兴趣。因此，在当前的大学英语教学中，教师应该努力创设知识内容、技能训练所需要的情境，以不断开发学生的积极思维，帮助学生将已有知识内化为一种技能，最终使英语知识逐渐演变成自己交际的工具。

另外，传统的评价方式非常单一，这些评价方式在很大程度上扼杀了学生的学习兴趣。要想避免这种评价方式的消极作用，教师应该改变传统的评价方式，即不应仅仅依靠终结性评价，而应转变成以形成性评价为主，在平时的学习中对学生进行评价，重视学生参与的积极性、学习的态度、努力的程度、合作的情况等。

（五）灵活性原则

大学英语教学不应该是乏味的、死板的，还应该坚持灵活性原则。这是因为，语言本身是一个不断发展、充满活力的开放性系统，因此只有在学习和使用中做到灵活多样，才能激发学生的学习兴趣和积极性。教师要坚持灵活性原则需要做到如下两点。

1.使用的教学语言应灵活

英语学习的主要目的是进行交际，因此学生只听讲、记笔记是很难真正习得英语这门语言及其内涵的，还需要真正参与到教学之中，从具体的活动和实践中习得英语这门语言。

为了能够让学生主动地、积极地参与到教学中，教师需要使用灵活的教学语言，为学生树立良好的榜样，同时也能够培养学生运用英语的热情。例如，教师可以适当运用英语讲解、提问及安排任务和作业，让学生知道英语是一门活的语言。另外，教师在布置作业时也不能是随意的，而是应该侧重于锻炼学生的实践能力。

2.采用的教学方法应灵活

在大学英语教学中，教师还需要采用灵活的教学方法。这主要有以下几点原因。

（1）从教学历史来说，英语教学历史上有很多的教学方法，如语法—翻译法、交际法、视听法、直接法、认知法、自然法等。这些教学方法有其自身的优势和不足，因此教师在教学中应兼收并蓄，不能仅仅拘泥于一种教学方法。

（2）从教学内容上来说，教学内容是多样性的，不仅包含语言知识教学，还包含语言技能的教学，因此对于这些不同的教学内容也应该采用灵活的教学方法。

（3）从学生个体情况来看，不同学生有着很大的差异，因此英语教学要考虑学生特点、教师特点、教学内容的特点等，创造性地开展多种多样的教学活动，灵活运用多种教学方法，以保证课堂的趣味性。

第二节 大学英语教学改革的历程

英语教学贯穿小学教育、中学教育，到大学教育，再到研究生、博士生教育，是我国学校教育中历时最长的一门学科。大学英语教学的改革是一个发展的过程，不是一蹴而就的。也不是整体性的改革，而是体现在英语教学系统各个要素的改革之中，既关乎教学政策、教学材料的改革，又关乎课程设置、教学模式以及师资队伍的改革等。本节就从教学政策、教学材料、师资队伍改革入手，围绕大学英语教学改革的历程进行分析。

一、教学政策的改革历程

我国大学英语（含公共英语）的改革与教学政策的改革具有密不可分的关系，这是由我国现实的国情决定的，核心教学政策对全国高等院校的大学英语教学有着重要的指导、引领和规范的作用。表2-1是两类核心政策文本的演变情况。

表2-1　核心教学政策文本演变情况

颁布或出版时间	名称	备注
1962	《英语教学大纲（试行草案）》	供高等工业学校本科五年制各类专业使用，是新中国成立后的第一份大学英语教学大纲
1980	《英语教学大纲（草案）》	高等学校理工科本科四年制试用，是改革开放后的第一份大学英语教学大纲
1985	《大学英语教学大纲（高等学校理工科本科用）》	
1986	《大学英语教学大纲（高等学校文理科本科用）》	
1987	《大学英语四级考试大纲及样题》《大学英语六级考试大纲及样题》	1987年9月和1989年1月分别举行了首次大学英语四级考试和大学英语六级考试
1994	《大学英语四级考试大纲及样题（增订本）》《大学英语六级考试大纲及样题（增订本）》	
1999	《大学英语口语考试大纲及样题》	1999年5月，全国大学英语四、六级考试口语考试开始在部分城市开展
1999	《大学英语四、六级考试口语考试大纲及样题（附考生手册）》	
1999	《大学英语教学大纲（修订本）（高等学校本科用）》	不再分文理科和理工科，教学阶段分为基础阶段和应用阶段
2004	《大学英语课程教学要求（试行）》	"培养学生的英语综合应用能力，特别是听说能力"
2004	《大学英语四、六级考试口语考试大纲及样题（附考生手册）（第2版）》	

续表

颁布或出版时间	名称	备注
2006	《大学英语四级考试大纲（2006修订版）》《大学英语六级考试大纲（2006修订版）》	2006年12月起，全面实施新题型四级考试 2007年6月起，全面实施新题型六级考试
2007	《大学英语课程教学要求》	
2017	《大学英语教学指南》	

由表2-1可以看出，在公共英语阶段（1949—1984），核心教学政策文本的演变是比较缓慢的，而到了大学英语阶段（1985至今），其演变的速度逐渐加快。

有学者将公共英语的发展历程又进一步划分为两个小阶段：第一阶段称为起步与辗转阶段（1949—1977），第二阶段称为恢复与发展阶段（1978—1984）。

大学英语阶段的发展历程也可以进一步划分为三个小阶段：第一阶段称为发展与稳定阶段（1985—2001），第二阶段称为改革与提高阶段（2002—2016），第三阶段则称为调整与规划阶段（2017至今）。

下面分别对各个阶段的大学英语教学政策进行简要分析。

（一）起步与辗转阶段

在起步与辗转阶段，仅有一份核心的英语教学政策文本——《英语教学大纲（试行草案）》，其于1962年6月经教育部颁布并实施。该大纲规定公共英语教学对象是"中学学过三年英语的学生"，教学目的是"为学生今后阅读本专业英语书刊打下较扎实的语言基础"，其对当时公共英语教学的制度化和规范化产生了重要的影响。

总结来说，该大纲具有以下四个方面的特点。

首先，以阅读为教学目标。

其次，教学内容以科技英语为主。

再次，教学目的是给学生打语言基础。

最后，注重实践的作用。

（二）恢复与发展阶段

恢复与发展阶段的重要英语教学政策是《英语教学大纲（草案）》，于1980年8月经人民教育出版社出版发行。该大纲将公共英语教学分为基础英语教学和专业阅读教学两个阶段，并对教学要求、教学目的、教学安排等做出了论述。与1962年的《英语教学大纲（试行草案）》相比，该大纲在教学要求方面提出了更高的标准，并规定公共英语基础英语教学阶段的教学目的是"为学生阅读英语科技书刊打下较扎实的语言基础"，专业阅读教学阶段的教学目的是"使学生具备比较顺利地阅读有关专业的英语书刊的能力"。

《英语教学大纲（草案）》是一份过渡性的大纲，对改革开放初期的公共英语教学的恢复和发展有重要的促进意义。

（三）发展与稳定阶段

由表2-1中所示，在发展与稳定阶段共出现了七份重要的核心政策文件。总的来说，在课程政策方面，以往的理工科、文理科分立逐渐演变为各学科合流，形成了统一的高等学校本科用的大学英语教学大纲。[①]

其中，《大学英语教学大纲（高等学校理工科本科用）》和《大学英语教学大纲（高等学校文理科本科用）》与起步与辗转阶段和恢复与发展阶段的教学大纲相比，内容更加完整和详尽。二者的结构大致相同，教学要求和教学安排等也基本一致，理工科大纲中教学目的是"培养学生具有较强的阅读能力、一定的听和译的能力以及初步的写和说的能力"，是将英语作为学生"获取专业所需要的信息"的工具，并"为进一步提高英语水平打下较好的基础"。文理科大纲中教学目的仅比理工科大纲中少了"译的能力"。此外，两份大纲中的正文部分都分为以下六个方面。

（1）教学对象。

（2）教学目的。

（3）教学要求。

---

① 郝成森.大学英语教育政策沿革略论——兼论大学英语教育发展历程[J].河南科技学院学报，2012，（5）：105.

（4）教学安排。

（5）大学英语教学中需注意的几个问题。

（6）测试。

此后，有关大学英语四、六级考试以及口语考试为主体的大学英语考试体系逐渐确立，并在1999年制定了统一的《大学英语教学大纲（修订本）（高等学校本科用）》。

（四）改革与提高阶段

在改革与提高阶段共出现了四份重要的核心政策文件，在课程政策方面有《大学英语课程教学要求（试行）》与《大学英语课程教学要求》，在考试政策方面有《大学英语四、六级考试口语考试大纲及样题（附考生手册）（第2版）》《大学英语四级考试大纲（2006修订版）》与《大学英语六级考试大纲（2006修订版）》。

《大学英语课程教学要求》将大学英语教学视为"高等教育的一个有机组成部分"，是"大学生的一门必修的基础课程"，它在正文部分阐述了大学英语教学的性质与目标、教学模式、教学要求、教学管理、教学评估、课程设置等方面。具体分析后可以发现，《大学英语课程教学要求》有以下五个特点。

（1）重新阐释了课程要求与教学大纲的关系。

（2）体现了当代教学的理念，强调互动与建构、解构与反思、对话与阐释，过程与主体。

（3）提高了教学要求，同时兼顾统一性与个体化。

（4）要求创新课程体系，改进教学模式，提出了"采用基于计算机和课堂的英语教学模式"。

（5）强化教学管理，倡导多元教学评估。教学评估有形成性评估和终结性评估两种形式，此外还包括对教师的评估。

三份关于大学英语考试政策的大纲明确阐释了四、六级考试和口语考试的考试性质、考试目的、考试形式、考试对象、考试内容等内容。其中，将大学英语考试的性质阐释为"在教育部高等教育司的主持和领导下，由全国大学英语四、六级考试委员会设计和开发、与教育部考试中心共同实施的一项大规模标准化考试"。并且规定了大学英语考试的目的在于"准确衡量我国在校大学生的英语综合应用能力，为实现大学英语课程教学目标发挥积极作用"。

通过对上述三份大学英语考试政策的分析，可以总结出其四个特点。

（1）考试具有"政府主导、全国统一"的特征。

（2）都确定了考试与标准相关的水平考试。

（3）都强调了考试对教学的反拨作用。

（4）都将考试设定为有一定门槛限制的终结性考试。

（五）调整与规划阶段

为了进一步深化大学英语教学改革，提高大学英语教学的质量，根据《国家中长期教育改革和发展规划纲要（2010—2020）》等文件，我国提出了《大学英语教学指南》（以下简称《指南》）。该《指南》指出，大学英语课程属于高等学校人文教育的一部分，其具有两大特性：一是工具性，二是人文性。就工具性的角度而言，大学英语课程是基础教育阶段英语教学的提升和扩展，其主要是为了进一步提升学生的听、说、读、写、译这五大技能。同时，大学英语课程的工具性还体现在专门用途英语上，学生通过对与本专业相关的英语的学习，从而获取该领域的沟通与交流能力。就人文性的角度而言，大学英语课程的重要任务就是展开跨文化教育，培养学生的跨文化交际能力，这在之前的《大学英语课程教学要求》中也有所涉及。但是，《指南》中除了强调要学习和交流先进的技术和专业信息外，还需要对国外的文化有所了解，增进对不同国家文化的了解和掌握，从而提升自己的跨文化意识和文化认同意识。

在教学目标上，《指南》将大学英语教学的目标划分为三个等级：第一等级是基础，第二等级是提高，第三等级是发展。在第一等级，即基础阶段，主要是针对非英语专业学生的学习基本需求来进行确定；在第二等级，即提高阶段，主要是针对入学时英语基础较好的学生来进行确定；在第三等级，即发展阶段，主要是针对每一个高校人才培养的计划以及部分学有余力的学生来进行确定的。通过这一点可以看出，《指南》对于教学的衔接性是非常看重的，各个学校应该根据自己学校的需求，对起始层次展开详细的调查和确定，对教学目标进行规划，当然这种教学目标应该具有个性化或者分级性。因为英语教学本身具有开放性和灵活性，只有这样的教学才能满足学生的个性化需要，从而提升学生的英语能力。

二、教学材料的改革历程

教学材料是影响英语教学的重要因素，教材的编写与设计既影响着教师教学方法、教学模式的选择，也影响着学生的学习活动。不进行教学材料方面的改革，大学英语教学改革就不能持久地向纵深方向发展。因此，教学材料的改革已成为大学英语教学改革中的一项重要任务，是改革的基础和关键，也是不能回避的问题。

概括来说，我国大学英语教学材料的改革大致经历了初始阶段、探索阶段、发展阶段和提高阶段四个阶段的发展。每个阶段的教材都有其鲜明的特点，下面进行具体的分析。

（一）初始阶段

我国大学英语教材在初始阶段的发展大致从1961年起至"文化大革命"前。新中国成立以后，华东人民政府高等教育委员会颁布了《大学专科学校文法学院各系课程暂行规定》，其对七个系的基本课程和选修课程作了规定，涉及文学、哲学、法学、历史学、经济学、政治学、教育学，并提出各个系的外语课要尽可能开设俄文课。到20世纪50年代中期，高等学校的公共外语课仍是以俄语为主，在60年代后期，学习英语的学生人数才不断增加，公共外语课逐渐转向以英语为主。

在教材的编写方面，50年代时我国还没有全国范围内统一使用的大学英语教材，学生在公共英语课上所使用的多是由本校英语教师所编写的非公开出版的英语讲义。

1962年，第一套较有影响力的大学英语教材《高等工业学校英语》由商务印书馆正式出版并公开发行，这是根据1962年发布的适用于高等工业学校本科五年制各类专业的《英语教学大纲（试行草案）》编写的。

20世纪60年代的大学英语教材中还有复旦大学董亚芬着手主编的文科非英语专业使用的《英语》和上海第二医学院谢大任主编的《医学英语》。[1]

---

[1] 左桂春.我国大学英语教材变革研究[D].济南：山东师范大学，2008：13.

这一阶段的英语教材受当时教育学和心理学理论的影响，基本上以语法为纲，有的则吸收了结构主义的成分，强调句型操练，并侧重于培养阅读能力，其他方面的能力则很少顾及。而且，当时的公共外语教学松散，没有统一的教学目标和全国范围内的考试，教材的编写与选择也各自为阵。

（二）探索阶段

我国大学英语教材在探索阶段的发展是从1979年到1985年，该阶段的教材改革基本上仍是遵循了传统模式，以课文为中心，以语法为纲要，但在教学形式上有所突破。

1978年，教育部在湖南大学召开了关于全国各个高校在外语教学方面的工作会议，会上讨论了在探索阶段外语教材编写工作的有关问题。同年，在北京召开了全国外语教育座谈会。会议总结了新中国成立以来外语教育的正反两方面经验教训，还就教材编写、科学研究等方面进行了初步的规划。1979年在上海召开了科技英语研讨会，全国有40多所院校的代表参加了会议，会上探讨了有关公共外语的教学工作。这次会议的召开意味着公共外语已经成为教学中的一个重要领域。之后，1980年《理工科外语教学大纲（草案）》的通过宣布了大学英语教学改革的开始。

十一届三中全会提出了实行对外开放等一系列的方针政策，引起了全社会对外语的重视，在其召开后不久，教育部下达了《加强外语教育的几点意见》，正确规定了外语教育的方针，与实际相符，受到了教育界的广泛欢迎，引起了全国范围内的外语学习热潮。

在教材的编写方面，各校纷纷在"结合典型产品组织教学"的教育方针指导下，将英语与某个专业相结合进行教材的编写，如机械英语、焊接英语、柴油机英语等。其中，一部分教材在20世纪80年代初期才公开出版。例如，《机械英语自学读本》（上海科技技术出版社，1981）和《焊接专业英语文选》（广西人民出版社，1983）等。

十一届三中全会以后，受到改革开放政策的影响，大学英语教学也迅速恢复和发展起来，大学英语教材如雨后春笋般大量涌现。

从1977年起，大学英语教材进入了恢复阶段。人民教育出版社（现高等教育出版社）出版了大连海运学院主编的《基础英语》（共两册）。这套教材对于当时普及和提高大学生英语水平有着积极的作用。1978年，其又出版了天津大学主编的《英语》（共两册）并在随后的一年中出版了上海交通大学主编的《英语》（共三册）。此外，这一阶段的大学英语教材还有北京大学杜秉正主编的《英语》（共三册）和南开大学蒋增光、钱建业主编的《英语》（共四册）以及复旦大学外文系文科英语教材编写组编写的《英语》（高等学校文科教材，非英语专业用）等。

随着英语教育事业的恢复，大学生的英语基础和水平都有了一定程度上的提高。因此，一部分教材编写者开始将英语的教学提高到了语篇的水平，而不仅仅局限于理解句子的层面。这一理念在上海工业大学主编的《英语》（1979）这一教材中体现得较为明显，该教材增加了阅读理解方面的练习。

受到国外外语教学思想的影响，一些院校开始研发新的大学英语教材。这一时期的教材主要有上海交通大学吴银庚主编的《英语》（理工科通用，共四册），清华大学陆慈主编的《英语教程》（理工科用，共四册）等。

20世纪80年代初期，随着国内"英语热"的兴起，大学生的基础英语水平有很大地提升。1983年的一项调查显示，有81%的人已经掌握了超过1 400个词汇，因此吴银庚主编的《英语》（起点词汇量为700）和陆慈主编的《英语教程》（起点词汇量为450）已不再适应教学实际的需要。1983年以后，部分院校开始将一些国外编写的英语教材与这两套国内教材配合使用。这些英语教材主要有 *English for Today*、*Reading and Thinking in English*、*New Concept English*、*English through Reading*等。

概括来说，这一阶段的英语教材主要有以下三个特点。

第一，教材从一定的词汇量起点开始编写，这与大学新生在入学时就有一定的英语基础有关。

第二，大学英语教学的目的仍是以提高阅读能力为主，但同时也对听、说、写的能力培养提出了一定的要求。

第三，教材的编写注重培养语言的实践能力。

（三）发展阶段

第三代教材从1986年到20世纪90年代中期，教材开始分为精读、泛读、快速阅读、听力、语法与练习等系列教材。

十一届三中全会以后，全社会出现了学习外语的热潮，我国的大学英语教育也得到了空前的发展，可以集中体现为以下几个方面。

（1）实现了多语种的教学，至1984年底，全国开设的外语语种共有34个。[①]大多数的外语院系都有英、俄、法、德、日语。

（2）外语师资队伍壮大，达几十万人。

（3）外语教学科研队伍初步形成，如理工科公共外语教材编审委员会、高等学校外语专业教材编审委员会、学报编辑等。

（4）建立印刷出版基地，出版了大批外语教材、教学参考书、词典等书籍。

此外，《大学英语教学大纲（高等学校理工科本科用）》和《大学英语教学大纲（高等学校文理科本科用）》与之前的教学大纲相比更加详尽和完善，体现出了以下特点。

（1）提出了较高的教学要求。

（2）重视语言共核教学，打好语言基础。

（3）强调培养学生运用语言进行交际的能力。

（4）实行分级教学。

（5）定性定量化。

（6）举行国家考试。

在此背景下，根据以上两份教学大纲编写的新一代大学英语教材有以下几种。

G. R. Evans和D. Watson编写，由麦克米伦出版公司（Macmillan Publishers Ltd.）和高等教育出版社于1986年联合出版的《现代英语》（*Modern English*），其主要有三种教程：读写、泛读和听说。

上海交通大学杨惠中主编，由高等教育出版社在1987年正式出版的《大学核心英语》（*College Core English*），其有《读写教程》和《听说教程》两种，还配有《词汇练习册》。

清华大学科技外语系编，由清华大学出版社于1987年出版的《新英语教程》（*New English Course*），其分为《英语阅读》和《综合英语》两种。

由复旦大学、北京大学、华东师范大学、武汉大学等高校合作编写，复旦大学的董亚芬教授担任总主编，上海外语教育出版社于1992正式出版的系列教材《大学英语》（*College English*）（文理科本科用）。这是第一次采用系列教材的形式进行编写，分为《泛读》《精读》《听力》《快速阅读》《语法与练习》五种教

---

① 左桂春.我国大学英语教材变革研究[D].济南：山东师范大学，2008：49-51.

程。这一系列教材受到了广泛的欢迎，为了适应教学的需要，在1997年出版了修订本，标志着我国大学英语教材的编写进入了一个较为成熟的阶段。

总结来说，这一阶段的大学英语教材有以下特点。

首先，按照教学大纲编写，各套教材的主体教程都分为六册，以符合教学大纲所规定的1~6级的教学。

其次，教材突破一本书的传统开始向系列化发展。

最后，有明确的指导思想。遵循《大学英语教学大纲》的教学思想，开始重视语言交际能力的培养，在继续注重语言基础训练和阅读能力的培养的同时，普遍加强了听的训练，对说、写、译也予以关注。

（四）提高阶段

第四代教材从20世纪90年代后期开始，出现了许多具有时代特征的教材。这些教材开始利用现代信息技术，从纸质平面教材向以多媒体网络为依托的立体式教材方向发展，但传统的教学模式仍未打破。

20世纪90年代后期，随着教学改革的进一步发展以及新的教学理念的提出，我国的大学英语教材开始出现了百花齐放、百家争鸣的局面。这一阶段的教材各具特色，使用较多的主要有以下几本。

1986年出版的董亚芬主编的《大学英语》，其在1997年秉着"面向21世纪，将大学英语教学推上一个新台阶"的修订宗旨进行了第一次修订。

由浙江大学应惠兰主编，外语教学与研究出版社于1998年出版的《新编大学英语》（*New College English*）。这套教材有学生用书，也有教师用书，并且其起点较高，适合英语基础较好的学生使用。

1999年由翟象俊、郑树棠、张增健主编，复旦大学、高等教育出版社出版的《21世纪大学英语》（*The 21st Century College English*）。该教材共四册，词汇量大，生词较多，同样适合于英语基础较好的学生使用。

由季佩英、吴晓真主编，上海外语教育出版社于2001年7月出版的《大学英语》全新版（*College English New Edition*）。该套教材起点较高，也适用于英语基础较好的学生。

由郑树棠主编，上海外语教学与研究出版社于2001年12月出版的《新视野大学英语》（*New Horizon College English*）。它是国务院批准的教育部"面向21世纪振兴行动计划"的重点工程——"新世纪网络课程建设工程"项目之一，其受到了社会各界的关注，拥有专用的语料库。

总结来说，第四代大学英语教材的共同特点是更重视提高学生的英语应用能力。除了学生课堂用书外，还配有教师用书、练习册、挂图、卡片、录像带、多媒体光盘、课件等，教材的概念已从书本延伸到多媒体课件。它们都以现行教学大纲为中心，又各有特色，进行了多种不同的尝试。

目前，随着高校的扩招，大学新生英语语言基础的差距不断拉大，大学各个专业对英语水平的要求也多有不同，此外大学生的自身发展需求也在发生深刻变化。

总体而言，学生对大学英语的需求越来越高，同时呈多元化倾向。当前，全国范围内高校所用大学英语教材主要有如下几套：《新编大学英语》《全新版大学英语》《新视野大学英语》《大学体验英语》和《21世纪大学英语》等。毫无疑问的是，上述教材均为目前国内最优秀的教材。其中"读写教程"或称"综合教程"的体系、篇章形式体现了主题教学、任务教学的新理念，在追求趣味性、实用性等方面做出了不懈努力。但在新的形势下，总体而论，大学英语教材的形式与内容仍不能满足学生的需求。

三、师资建设的改革历程

当前，我国的大学英语教师师资建设工作成果显著，无论是在教学水平层面，还是在师资队伍结构层面都得到了应有的改善和发展，基本能够满足当前社会对人才培养的需要。下面就对师资建设的改革历程展开分析。

（一）初始阶段

1978年以前，大学英语师资建设并不理想。1978年，经国务院批准，北京首次召开了外语教育座谈会，提出了《加强外语教育的几点意见》，其中涉及了两大问题：一是新中国成立初期过分强调俄语教育，而大大忽视了英语教育及其他语种的教育，导致外语教育过于片面化；二是外语教育过分侧重专业外语教育，对高校公共外语教育以及中、小学外语教育注意不够。显然，在当时的外语教育情况下，大学英语师资建设也必然会受到影响和制约。针对这两个层面的问题，

1979年在《加强外语教育的几点意见》第5点特别强调了要对外语师资队伍进行大力培养和提高。同时，该文件还指出"当前的高等教育师资力量明显不足，缺乏高水平的高校英语骨干教师"。为了对这一问题进行解决，教育部开始扩大高校英语专业学生的招生规模，目的是培养更高层次的英语专业教师。同时，教育部还开展了多种形式的高校英语教师进修活动，这也是为了提升在校教师的师资水平。

（二）师资培训阶段

1980年，国务院批准教育部制订了《1980年至1983年高校英语教师培训计划》。在这一计划的指引下，北京外国语学院和上海外国语学院等16所院校开始抓起教师队伍的培训工作；清华大学、天津大学、上海交通大学等9所理工院校外语系也抓起了对公共英语教师队伍的培训工作。根据数据统计，从1980年至1983年，3年内9所理工院校的外语系共为高校培训了2100多名公共英语教师。很显然，这次培训的规模是非常宏大的，自此之后，教育部对这一培训工作进行延续，许多高校甚至开设了公共英语教师培训中心，如天津大学、上海交通大学、重庆大学等。

1984年，教育部再次提出扩招英语专业的学生，要求3所外国语学院、2所师范大学以及10所综合性大学都进行扩招。其中3所外国语学院每校增招英语专业20人（1个班），2所师范大学和10所综合性大学每校扩招英语专业10人，这样每年扩招的人数共有180人左右。当这些学校的学生毕业之后，他们就能够满足高校公共外语教师的应聘要求。随后，除了上述3种院校对英语专业学生的招收外，其他院校也开设了科技英语专业，目的是培养科技英语教学人才。20世纪80年代末，全国高校从事大学外语教学的教师就达到了2万人，且多是英语教师。

与20世纪80年代前的师资力量相比较，20世纪80年代后的师资水平和能力得到了明显的提升。大学英语教师也主动参与到各种培训活动中，不仅提升了自己的知识和技能，还掌握了与英语这门学科相关的各种理论，这对于提升大学英语教学的质量和效果大有裨益。在教育部的鼓励和支持下，高校大学英语师资建设效果显著，期间大学英语教师有众多的国外进修机会，还提供了便利的出国渠道，很多大学英语教师不仅去英语国家学习，还展开了不同文化之间的交流与合作。总之，随着高校英语师资建设质量的提升，国内大学英语教学的质量也在不断提高。

（三）全面改革阶段

20世纪90年代末，大学英语师资建设陷入困境。从1999年开始，国内各高校纷纷对英语学生进行扩招。据统计，1999年全国普通高校招生人数约有160万人，比上一年增加了约51万人；2000年的招生人数多达220万人，比上一年增加了约61万人；而2001年招生达到了268万人，比2000年增加了48万人。仅仅3年，各类高校在校生人数就达1300多万人。由于学生人数的急剧增加，给高校英语教师队伍带来了挑战。在大学英语教学过程中，众多教师都超负荷工作，加上大班上课教育模式的影响，大大降低了大学英语教学的质量。

基于这些问题，我国众多高校纷纷扩大英语师资建设规模，然而这并没有缓解教师短缺的情况，还造成了高校英语教师整体素质下降的情况。这一问题最终被教育部重视起来。2007年修订的《大学英语课程教学要求》中明确指出："对教师培训体制进行完善，因为教师素质是提升教学质量的关键，是大学英语课程改革与发展的关键。各大高等院校应该建设学历、年龄、职称结构合理的师资队伍，加强对教师队伍的培训工作，鼓励教师开展教学研究，创造条件因地制宜地展开各种形式的教学研究活动，促进教师的教学与研究的完美结合，使他们尽快适应新的教学模式。同时，要对教师的进修和休假情况进行合理安排，以促进他们学术水平的提高。"尽管如此，由于各高校大学英语师资力量的严重短缺，高校教师都忙于自己的工作，参与教师培训的并不多。但是随着教学改革的推进，各高校仍旧不断努力。2006年，教育部高等教育司发布了《关于开展大学英语教学改革巡讲活动的通知》，目的是加强师资建设，推广网络环境下的大学英语教学模式，提升网络条件下的大学英语教学水平。并且共组织3批巡讲，给全国27个城市多所高校的1万余名大学英语教师进行了培训。通过这次巡讲，大学英语教师对教学改革有了深入的认识，对促进大学英语教学改革产生了巨大的推动作用。

（四）专业发展阶段

《大学英语教学指南》提出，教师的素质、水平是影响教学的关键因素，因此要不断提升教师的专业水平，而学校和院系是教师专业发展的平台，也是教师专业发展的重要支持，因此要加强对高校英语教师职业生涯的指导和规划，采取多种手段保证教师的专业化发展。

　　各高校应该逐步实施大学英语教师准入制度，把好教师入职的关口，同时建立完善的英语教师培训体系，将高校英语教师逐渐打造成业务精湛、师德高尚、结构合理、充满活力的专业教师队伍。

　　大学英语教师应该与当前高等教育改革的形势相适应，主动适应大学英语课程教学体系的要求，尤其是信息化环境下的大学英语专业发展要求，不断提升自身的教学能力与专业水平，确立终身学习目标，做一名学习型的教师。只有不断地学习，教师才能不断提升自己的专业能力，使自己与当前教育的发展相适应，最终更好地实现自我价值。

第三节　大学英语教学改革的目的与理念

　　时代不同，社会对人才的需求就不同。因此，随着时代与社会的快速发展，大学英语教学要进行改革，从而确保所培养出的英语人才符合社会发展的需求。在"互联网+"的时代背景下，大学英语教学改革不仅目的要明确，而且还需要遵循科学、合理的改革理念，如此才能在改革实践中循序渐进，实现改革的最终目标。本节就来详细分析"互联网+"时代大学英语教学改革的目的与理念。

一、大学英语教学改革的目的

　　在了解了大学英语教学改革的背景后，我们就要思考这样一个问题，即大学英语教学改革的目的何在？人们既已对教学改革的必要性达成共识，之后便会涉及教学改革的目的问题，下面就对大学英语教学改革的目的进行分析。

　　《国家中长期教育改革和发展规划纲要》中指出，中国高等教育的人才培养目标是"培养具有国际视野、通晓国际规则，能够参与国际事务与国际竞争的国际化人才"。因此，大学英语教学改革的首要目的就是要提高高等教育人才的培养质量，将中国的高等教育国际化。所谓的"国际化"，是指课程的国际化、师资的国际化和学生的国际化。^①这一目标的提出与我国的国情密切相关。随着经济的全球化发展，教育的国际化步伐也在逐渐加快，我国正致力于建设人力资源强国，在如此关键的转型时期，更需要教育提供强有力的支持。

其次，大学英语教学改革的目的是为大学生的个体发展服务。^②如今社会对高素质的、具有创新能力的国际化人才的需求剧增，英语能力已成为学生综合能力的重要组成部分。

因此，只有坚持大学英语教学改革，才能不断适应社会发展的需要和学生个体发展的需要。此外，赵光慧和张杰在《大学英语教学改革：个性化、学科化、中国化》一文中从不同的角度对大学英语教学改革的目的进行了详细的分析。其中指出，当前中国高校的英语教学改革首要目的便是实现"个性化"教学，避免"趋同化"。充分发挥大学英语教学的引领作用，最终实现社会交往中的"学科化"。此外，大学英语教学只有立足"中国化"，才能实现"国际化"。

（一）个性化

要通过大学英语教学改革实现"个性化"教学，首先应克服的最大障碍便是"趋同化"。"趋同化"大致表现在以下几个方面。

首先，教育行政部门是统一的"社会行动主体"。在当今的大学英语教学中，不论是教学方案的制订，教学管理或评价制度的构建，还是教师队伍的培养，教学材料的编写或教学手段的开发等，都是在教育行政部门的统一指挥和监控下进行的，这便是"趋同化"的表现之一。

其次，统一化的教学管理。几乎所有的普通高校都是在教育部制订的统一的培养方案、管理制度和评价体系下进行英语教学，所使用的大学英语教材也不外乎是上海外语教育出版社、外语教学与研究出版社、高等教育出版社以及其他几所出版社出版的教材，并没有因为学校的差别和学生层次的不同而选用"个性化"教材。

"趋同化"教学体制的出现与国家的计划教育体制有着某种程度上的联系，主要的教学核心是"教"而不是"学"。虽然近些年来"以生为本"的呼声愈来

① 束定芳.大学英语教学改革之目标与方向[J].东北师大学报，2012（1）：88.
② 张绍杰.大学英语教育改革的目的与理念[J].东北师大学报，2012（1）：85-87.

愈大，但是在实际开展教学活动时是有一定难度的。

"个性化"教学要求有灵活变化的"动态"培养方案，即教学方案可以根据不同的学生、学生的不同表现随时进行调整，使方案适应学生，而不仅仅是让学生适应方案。教育行政部门出台的培养方案，只是具有宏观指导的功能，各个学校根据自身的实际情况和学生的层次水平可以调整方案和学制，学生也可以对培养方案提出合理性的建议，实现"教"与"学"之间的"相互理解"。此外，还可以尝试推广分层次大学英语教学。

（二）学科化

我国当前的大学英语教学主要是围绕"学习语言知识，掌握语言运用技能"展开的，并且受社会发展的影响，大学英语教学的中心应该转向以实用为目的的教学，即由"学"转向"用"，在"用"中"学"，通过一系列的语言实践提升语言能力。

就"社会行动"而言，进行"学科化"的大学英语教学是十分有必要的。所谓的大学英语教学的"学科化"，并不是"英语"与"专业知识"或"专业英语"简单相加，而是二者之间的相互融合，是集"实际运用""英语表达""学科趣味"，甚至是"学术思维"于一体[①]大学英语教学"学科化"的有效途径之一就是在普通高校中开设以学科为中心的大学英语博雅课程，学生不仅可以了解到与英语学科相关的知识和发展状况的表述，还可以接触到相关的学术刊物、栏目等，同时还能为学生提供出国求学的帮助。

大学英语教学改革的最终目的是要走出"外语圈"，改变其从属地位的现状，发挥大学英语教学的引领作用。各高校要在满足学生个性发展要求的基础上，开发多层次、立体式的大学英语教学模式，充分提高学生的英语应用能力和学科研究能力，在逐步提高学生的基本英语技能的同时，逐渐深化其专业英语知识和技能，使其在多个领域都能发挥专业英语水平的优势，力求做到英语"学科化"教学。

---

① 赵光慧，张杰.大学英语教学改革：个性化、学科化、中国化[J].外语与外语教学，2013（6）：60.

（三）中国化

语言具有深层次的思维功能。在当今的大学英语教学中，人们关注更多的是学习英语的思维方式，克服汉语思维方式的影响，因此大学英语教学中更加注重以"西化"为特征的教学思维模式，即引进外籍教师，营造学习英语的语言环境等，或安排英语教师进行出国培训，到国外大学进行实地考察等。这种教学思维模式是单向的，而大学英语教学改革的目的就是将单向变为双向互动的过程，既"西化"，又"化西"，即"中国化"。在引进西方思维模式的同时，还要使学生在中西文明的相互碰撞中了解中华文化的传统，推动中华文明走向世界。

二、大学英语教学改革的理念

（一）以学生为中心

1.什么是以学生为中心

以学生为中心是一种更注重学生在学习和发展过程中的主体性、潜力，尊重学生的个体差异与需求的教育理念和价值取向。以学生为中心的教育理念认为，教育应顺从学生的天性，激发学生对学习的兴趣，调动学生学习的积极性和主动性，使他们充分发挥各自的潜力，从而提高学生的学习效果，促进学生全面发展。

秉承以学生为中心的理念和价值的教学即为以学生为中心的教学。充分考虑并尊重学生的特征与需求，准确、全面地了解和把握相关的学习规律和需求是以学生为中心的教学开展的基础。

需要注意的是，虽然以学生为中心的教学应尽可能使每位学生的主体性得到充分发挥，学生的潜能得到发掘，但是由于很多学校的教学是依据一定的计划进行的，教学成本也是有限的，因此"时间、资金、物质、人力等各方面教育成本的限制使得以学生为中心的很多教学实践为获得最大的效率和效益而在成本、规模和每个学生的发展与需求之间寻求一个最佳的平衡点"。由此可见，在判断某一教学实践是否做到以学生为中心时，不能以统一的外显指标为依据，而是应该分析其是否以学生为中心这一理念为价值取向，教师是否做到使更多的学生积极参与到学习中去，学生通过种种学习行为是否完成了学习任务并获得身心发展。

以学生为中心的教学并不意味着所有的教学因素都是由学生决定，对学生需求的尊重也并不意味着满足学生的一切需求，让学生主动地学习和发展也不意味着任由学生根据自己的意愿学习。教师应时刻意识到，为社会培养人才也是教学的重要目标之一，同时教学需要制订科学、合理的人才培养计划。因此，以学生为中心的教学一方面要做到尊重学生的需求、符合学生的身心发展规律，另一方面还应对人才的能力需求加以分析、整合，依据合理的教学计划进行教学实践活动。

以学生为中心的教学对学生学习主动性的重视并不代表对教师在教学中作用的否认或弱化。相反，在以学生为中心的教学中，教师的作用会显得更加重要，学生学习的主动性、投入性以及学习效率等在很大程度上都是由教师的指导、引导、组织等工作所决定的。这也对教师提出了更高的要求，教师应时刻反思自己的教学是否激发了学生的学习兴趣，学生是否主动地进行学习，教学活动能否挖掘学生的潜能，学生能否达到预期的目标等。因此，以学生为中心的教学要求教师依据学生的需求来设置学习目标，在学生学习过程中鼓励、帮助学生，培养学生的学习责任感。

2.如何以学生为中心开展教学

在大学英语教学中，教师要学生通过感官获取来自教材的各种信息，并学会对这些信息进行比较、分析、综合、概括，进行去粗取精、去伪存真、由表及里、由此及彼的思考，抓住事物的本质，发现事物内在的联系，从而归纳出事物的规律，确立科学的知识系统。具体来说，教师可从以下几个方面入手。

（1）充分地尊重学生

教育的最高境界是以人为本。要真正做到以人为本，最重要的一点就是教师要尊重其教育对象，即尊重每一名学生。学会尊重是做人的基础，作为教师首先要学会尊重自己、尊重他人。教师必须尊重学生，没有尊重就没有教育。尊重是教育学生的切入点。从尊重出发，通过有针对性地教育，最终达到使学生健康发展的目的。因此，教师应该充分尊重学生。

第一，尊重学生的自尊心理。自尊心是任何人类行为中最有渗透性的方面，对人类行为具有十分重要的影响。可以说，一个人没有一定程度的自尊心、自信心和对自己的了解，就无法进行任何成功的认知和情感活动。就英语教学而言，学生的学习效率和效果受到自尊心的重要影响，而学生的自尊心很大程度上源于教师对学生的尊重。因此，每个教师都有责任尊重学生的自尊心，即使学生身上有各种各样的缺点，也不应表现出忽视或轻视的态度，而应多关注学生身上的闪光点，并予以肯定，这样才能帮助学生更好地进步。

第二，尊重学生的主体地位。在大学英语教学中，学生占据主体的地位。因此，教师应该以学生为中心，尊重学生的主体地位，只有这样才能充分发挥学生的主体作用，提高学生学习英语的积极性和主动性，从而有效提高英语教学效果。

第三，尊重学生的个性发展。我国当前的教育教学对学生的素质教育是十分关注的，而素质教育和学生的个性发展有着紧密的联系，二者是相互依赖、相辅相成的。因此，在大学英语教学过程中，教师必须重视个性化教学对素质教育的意义，同时加强学生思想品德的培养，提升学生的综合素养。

在大学英语教学中，教师尊重学生的个性发展主要受以下两点因素的影响。

第一，个性是素质教育的重要出发点。随着现代化进程的加快，社会不同领域需要各种人才，因此如何在相同的教育制度下培养不同品质的人才成为教育的重点。很明显，传统的教育理念是行不通的，只有将学生的个性作为出发点，实施个性化教学，才能培养出学有所长的人才。换句话说，素质教育要求对学生的个性特征和主动精神予以尊重，开发学生的智力，培养学生健全的个性，只有这样才能适应不断发展的社会要求，也才能培养出有理想、有道德、有文化、有纪律的全面发展型人才。

第二，个性倾向性影响个体的素质发展。个性倾向性是推动人类进行活动的内部驱动力，也是个性发展最活跃的部分，它决定着学生个体想做什么或者想追求什么。可以说，人对外界的态度、对外界的认知往往是由人的个性倾向性决定的。个性倾向性主要包含动机、兴趣、爱好、需求、态度、信仰、理想等，这些因素都会对个体素质的发展产生重大影响。

理想和信念对素质发展的影响。理想和信念是人不断发展和前进的精神动力，无论是对工作、学习还是生活都起着重要的激励作用。科学的、坚定的理想和信念往往可以推动人们积极地、满腔热情地投入到想要追求的事业中去，也更有可能取得重大成就。可以说，理想和信念是人生的推动器。

需求和动机对个体素质发展的影响。心理学家认为，需求和动机是一种刺激，有了需求和动机，学生才会付诸行动。因此，需求和动机在个体的素质发展中具有引发和强化行动的功能。

兴趣和爱好对个体素质发展的影响。兴趣和爱好可以激发个体的求知欲。人们通常会对感兴趣的事物产生探索和求知的欲望，这一欲望驱使他们主动地去寻求答案。相关调查结果显示，一名学生对不同的学科有着不同的兴趣，不同学科的成绩也相差很大，感兴趣的学科的成绩一般比较理想。由此可见，兴趣和爱好是学生学习的内在动力，重视学生的兴趣和爱好有利于提高教学效果，培养学生的学习积极性和创新精神。

（2）注重培养学生的思辨思维

在全球化趋势下，世界各国之间的交际活动日益密切，国家之间的文化交流越来越多，我们不应用自己的文化、道德、价值观的标准去衡量和评价，或者拒绝其他民族文化，也不应盲目模仿、追随其他民族文化，而应以公正、宽容的态度对待其他文化，并坚持本民族的优秀文化。因此，英语教学中教师除了要帮助学生学习和了解世界文化，引导学生尊重和理解世界文化，还需要促进学生了解本国文化、反思本国文化，发展学生的思辨思维。

美国人类学家兼语言学家萨丕尔（Sapir）及其弟子沃尔夫（Whorf）提出著名的萨丕尔—沃尔夫假说（The Sapir–Whorf Hypothesis）。该假说认为，语言结构与思维关系密切，人类的认识必然受到其所使用的语言的影响。语言的形式决定了使用这一语言的人们对外界的看法；语言如何描写世界，其使用者就如何观察世界；由于语言的不同，世界各民族对整个世界的认识和分析也不同。

目前，在我国的大学英语教学中，一、二年级重点教授英语基础知识，培养学生的基本技能、正确的学习方法和良好的学习习惯；三、四年级在巩固基本功的同时学习英语专业知识，扩大知识面，增加对文化差异的理解。当前英语教学中大量使用模仿、记忆、重述的机械练习法，无法培养学生分析、推理和评价的能力，造成学生的思辨空间有限，训练不够，无法有效培养学生的思辨思维。对此，我们不妨借鉴西方学者的研究视角，通过西方文化认知观念来改变我们传统的英语教学观念和教学方法。

我国文化强调感性思维和集体主义价值观，而西方文化更强调理性思维、个人的追求和发展。因此，西方学者更加重视对事物的客观认识和对个人思辨能力的培养。安杰利和瓦兰金（Angeli & Valanides）提出了四种提高学生思辨能力的教学方法：通用型（general）、混合型（mixed）、灌输型（infusion）和沉浸型（immersion）。课堂教学中，角色扮演、口头报告、小组对话、分析文章、合作学习、项目研究、论文写作等课堂活动往往比选择题更加有助于提高学生的思辨能力。因为它们使学生在发挥主观能动性的同时能够积极思考，运用批判性思维，最终对所研究、讨论的事物形成全面的、客观的、独特的、辩证的观点，有助于培养学生的理性思维。因此，教师在英语教学中，要运用角色扮演、口头报告、小组对话、分析文章、合作学习、项目研究、论文写作等多种方式进行教学，以提高学生的思辨能力。

同时，由于语言是文化的载体，我国学生学习英语的过程也是学习英语文化的过程，而学习世界文化为学生打开了视野，给学生审视本国文化提供了良好的机会，使学生能够从多个角度看待本国文化以及目的语文化。在对本国文化与外国文化的对比分析中，学生能够用新的视角去看待、考虑母语文化中的观点与现象，发现其中隐藏的文化内涵，并以多元文化的视角反思这些既定的价值观、信仰、行为方式。部分之前认为无可厚非的或者"天经地义"的观点在多元文化的视角下变得摇摇欲坠，部分新鲜的外国文化观念展现出其优越性。多元文化的碰撞促成了学生对本国文化乃至对外国文化的反思，并取其精华、去之糟粕，最终建立起属于自己的个人文化观念。只有广泛接触世界文化，了解世界文化的多样性，了解本国文化与其他文化的差别，学生个体的独特性才能得到自由发展，文化的繁荣昌盛才有可能实现。

（3）培养学生的综合运用能力

对于语言综合运用能力的内涵，教育领域并没有提出十分明确、清晰的阐释，但是我们可以借助对英语教学目标的阐述来理解语言综合运用能力的内涵。

我国对小学、初中、高中、大学这四个不同学习阶段提出了不尽相同的、具有层次性的英语教学目标。但无论是哪一个阶段的目标，都将发展学生综合的语言运用能力作为根本目的。然而，不少英语教师在实际教学中仍然把英语课作为纯知识课，过分注重语音、词汇等英语知识的教学，而忽视了语言运用能力的训练，甚至连对话教学也成了纯句型教学。因此，许多学生被一些语法规则所纠缠，无法体会英语学习的趣味，甚至对英语学习有厌恶感，这些都给学生英语综合运用能力的培养和提高带来了很大的障碍。

学生语言综合运用能力的内涵应该包括知识、技能、学习策略、情感态度以及文化意识五个方面，即学生既要掌握一定的语言知识、语言技能，又要掌握一定的语言学习策略甚至是其他学科的学习策略，此外还要具备一定的情感态度以及文化意识。

第一，不可忽视语言基础知识。以掌握语言技能为英语学习的主要目的，并不意味着教师在英语教学中可以忽视语言基础知识的教学。实际上，要培养学生的语言综合运用能力，必要的语言基础知识学习是不可缺少的。我们前面曾经提到，英语教学必须以输入优先。语言基础知识是语言能力的有机组成部分，是形成能力的基础，因此学习必要的英语语言基础知识是不可或缺的。

第二，以掌握语言技能为主要目的。语言技能包括听、说、读、写等技能及其综合运用能力。在这些技能中，听和读是说和写的前提和基础，而四种技能的综合运用能力是重中之重。在语言教学中应以语言输入为先，也就是说语言的输入是语言输出的基础，表达技能必须以吸收技能为前提。听与读是吸收信息的主要途径，而说和写则是输出信息的主要途径，因此，教师在英语教学中一定要引导学生提高综合运用英语的能力。

第三，着眼于学生的全面发展。根据学生语言综合运用能力的内涵可知，学生语言综合运用能力的培养包括知识、技能、学习策略、情感态度和文化意识五个方面。由此可见，语言综合运用能力不仅仅要注意英语知识的学习、英语技能的培养，还要求学生在学习策略、情感态度以及文化意识方面取得进步和发展。简言之，学生语言综合运用能力要求学生全面发展。因此，在培养学生语言综合运用能力时，教师要着眼于学生的全面发展。

英语教学的首要定位就是人的教育，因此英语教学不应该只局限于语言知识的传授与语言技能的培养，而应该关注学生的全面发展。此外，全球一体化扩大了人们的人际交往范围，对人们的交际能力提出了要求，也对人们的综合素质提出了更高的要求。只有具备良好的素质，灵活运用所掌握的知识解决各种问题，才能在这千变万化的社会中生存发展。

（4）重视学生的心理因素

学生的心理素质对他们运用语言能力的高低有重要影响。因此，在英语教学中，教师应该想方设法培养学生对英语学习的兴趣，提高学生对英语学习的热情，激发学生对英语学习的动机。学生只有对英语有了学习动机、有了兴趣、有了积极的情感，才会积极主动参与课堂活动，积极配合教师的课堂教学。才可能对英语学习保持持之以恒的热情与动力，形成良好的学习习惯与求学精神，从而有利于其语言综合运用能力的培养。

（5）注重学习策略的培养

由于学生英语综合运用能力的培养与其学习策略有关，因此教师在培养学生语言综合运用能力时还要重视对学生学习策略的培养。教师在教学过程中还需要指导学生根据自己的个性、学习特点等，探究正确的英语学习方法，寻找并培养正确的、适合自己的英语学习策略。我们提倡教学要以学生发展为本，要对学生授之以渔，实际上就是提倡要教给学生英语学习策略。

（二）激发学习动机

1.学习动机的定义

学习动机对于学习者的英语学习有着重要影响。如果某位学习者的学习动机较为强烈，那么就说明他有着明确的学习目标，对英语学习也有着强大的积极性。相反，如果某位学习者的学习动机较弱，那么他在学习上就没有太大的积极性，也不会收到好的学习效果。

埃利斯（Ellis）认为："学习动机是学习者从自身的需要和愿望出发而在外语习得中付出的努力。"

加德纳等人（Gardner et al.）认为："学习动机是努力地付出和达到目标的愿望，以及对语言学习的积极态度的集合。"

文秋芳认为："学习动机可以认为是学习者学习英语的原因和目的。"

何兆熊认为："学习动机是学习者的总目标和方向。"

从这些学者的定义中不难发现，虽然选择的角度不同，但是其对于学习动机的定义基本一致，即学习动机就是通过激发学习者的学习活动，使学习者朝着既定的目标或方向努力的一种心理状态，它直接推动学习者不断培养自身学习方法，提升自身的英语水平。

2.激发学习动机的策略

20世纪90年代中期以后，有关激发外语学习动机的策略的研究慢慢引起了人们的关注。加德纳（Gardner）和特伦布莱（Tremblay）在没有实证研究的基础上提出了一些动机激发策略，对课堂教学有一定的指导意义。1998年，德尔涅伊（Dornyei）采用调查问卷的方法对200名匈牙利英语教师常用的动机策略进行了调查，并根据他们的认识和使用情况归纳总结出了10项能够有效激发学习者学习动机的教学策略。

（1）以身作则，树立榜样。

（2）建立良好的师生关系。

（3）提高学生学习语言的自信心。

（4）使语言学习过程个性化。

（5）强化学生的目标导向意识。

（6）营造轻松愉悦的课堂氛围。

（7）正确说明学习任务。

（8）使语言课堂生动有趣。

（9）促进学生英语学习。

（10）让学生熟悉目的语文化。

德尔涅伊的动机激发策略是在实证研究的基础上提出的，真实地反映了教师在英语教学中对动机激发策略的实际运用情况，对于指导教学实践有积极的意义。

之后，德尔涅伊又在上述理论的基础上，从四个方面入手，提出了一个系统性的二语动机激发策略框架，这四个方面分别是：激发学生初始的学习动机、保持和维护学生的学习动机、创设激发学生动机的情景教学环境以及引导学生进行积极的反思性评价和思考。德尔涅伊的二语动机激发策略框架为今后的学习动机激发策略研究提供了理论基础。

斯莱文（Slavin）在相关研究的基础上提出，教师要充分利用学生内在动机和外在动机来激发学生的学习兴趣。例如，采用丰富多彩的教学活动保持学生的好奇心，提高他们参与课堂教学的积极性。同时，指导其树立切实可行的学习目标，并适时给予鼓励和帮助，通过内在动机与外在动机的结合提高学生语言学习的热情。

J.布罗菲（Jere Brophy）对众多动机策略研究的成果进行了总结，整理如下。该结论对于外语教学实践具有重要的指导意义，为大部分教师和学生提供了切实可行的激励学习动机的策略和方法。

（1）树立学习信心

自信心表现为个体对自身的评价、态度和认识，对于外语学习有巨大的激励作用，是进步的基础和成功的动力。可以从以下几个方面树立学生的信心：帮助水平高的学生树立有适当挑战性的目标；重视学习过程的评价和指导性的反馈；帮助学生正确对待失败综合症；为水平较低的学生提供额外的帮助；帮助学生树立正确的学习目标，认识到努力与成功之间的关联性；教师制订切实可行的，能够促进学生学业进步的教学计划。

（2）遵守教学原则

J.布罗菲指出，教师在教学实践中首先要遵守一般性的教学原则，主要包括以下几点：重视学习动机中的期望和价值因素；教学的目的是使学生理解、欣赏和应用所学知识；将课堂打造成为学生共同参与的合作性学习活动的社区；使用权威管理和社交策略；尽可能增加自身和课堂对学生的吸引力；注重培养学生的学习动机。

（3）满足个体需求

学生的个体差异是客观存在的，由于遗传因素、成长环境、社会环境等的不同，学生的兴趣、爱好、性格、能力、特长等方面都体现出了差异性，这些差异性的存在就决定了他们有不同的学习需求，教师可以从两个方面入手满足学生的个体需求：在满足学生个体需求时，如果学生的长远利益与当前的偏好发生冲突，则要服从长远利益；尽可能满足学生的不同偏好。

（4）激发内在动机

激发学生的内在动机是教师应采取的教学策略，因为内在动机对学习过程的促进作用强而且持久。学习本身就能够使学生获得满足，能够始终保持较高的学习兴趣。教师可以从几个方面激发学生的内在动机：关注学生的能力需求，在设计教学活动时，提供能够训练多种技能的、有特色的、有意义的任务；培养学生的英语学习能力；在教学活动中培养学生的动手、动脑能力；以符合学生的兴趣为教学活动设计的前提；关注学生的归属需求，多设计一些合作型任务。

（5）激发外在动机

外在动机是由学习者自身以外的环境，如家长、教师、学校或社会等给予的促使其进步的因素。由这些外部诱因引起的动机一般持续时间较短。可以从以下方面激发学生的外在动机：重视对学生的学习过程并给予评价；表扬和鼓励学生学业上的进步；提倡适当的、合理的竞争，并给每位学生提供平等的竞争机会；引起学生对外语学习工具性价值的重视。

（6）教师自身发展

教师作为学生学习动机的激励者，其自身的发展也是十分重要的：经常总结教学活动的得失，在反省中提高；提高元认知监控和自律能力，在处理问题时不急不躁；积累激发学生学习动机的知识和技能，提高自我效能感。

（三）关注学生情感

1.情感概述

情感态度对英语教学效果的影响不容忽视。具体来说，学习者的情感态度主要涉及以下几个层面。

（1）焦虑

霍维茨等人（Horwitz et al.）认为，"焦虑是人们在参与一些具有威胁性的事件时，产生的忧虑、不安、恐惧，是一种主观上的感觉，其与自动神经系统的唤醒有着密切的关系。"

施皮尔贝格尔等人（Spielberger et al.）认为，"焦虑是一种主观上的感受，其往往会随着主神经系统的唤醒而呈现一种害怕、紧张和忧虑的情绪。"

我国学者李炯英认为，"焦虑是学习者运用目标语进行语言交流时产生的不安和恐惧心理。"

综合来说，英语学习过程中的焦虑是指当学习者的自尊心、自信心受到冲击或者威胁时，形成的一种担忧、不安、恐惧的倾向。

同时，这些学者们也一致认为，焦虑在英语学习过程中不可避免，并且是影响英语学习成败的关键因素。但事实上，焦虑也是英语学习过程中必不可少的部分，因为在英语学习过程中，焦虑可以让学习者产生一种紧迫感，将学习者的压力变为动力，激发学习者的内在潜力，从而获得良好的学习效果。

（2）自尊心

自尊心也是影响英语学习的一个情感因素。关于自尊心的定义，不同学者给予了不同的观点。

詹姆斯（James）认为，"自尊心是由个体在实现自己的既定目标的过程中是成功的还是失败的态度决定的。"

我国学者杨雄，黄希庭等人（1998）认为，"自尊心就是一种自我情感体验，是人们从认知的角度出发，对社会生活中的主体及作为主体的自我进行评价的一种自我价值感。"

林崇德也认为，"自尊心属于自我意识且具有评价意义。这一自我意识与自尊心的需要有着密切的关系。自尊心产生于认知的基础上，其中涉及了自我态度的体验和情绪成分。"

从上面几位学者的定义中不难看出，学者们对自尊心并没有一个一致的意见。笔者认为自尊心就是学生对自己这一个体的认知和评价。在英语学习环境中，焦虑感强、缺乏自信心的学习者往往不会参与到问题中或者话题讨论中，也不会参加各种课外活动，因此很难使学习达到满意的结果。

综上所述，国内外学者对自尊心并没有一个统一的概念。但是概括起来，笔者认为自尊心是指学生对自我的认识和评价。在相同的语言环境中，焦虑性强并且缺乏自信的学生不仅不会主动回答问题，也不会积极参加各种活动，因此放弃了许多英语实践的机会，致使学习也达不到令人满意的结果。

（3）自信心

所谓自信心，是指个体对自己能否顺利完成某一行为或者某项活动进行的判断和推测，是学习者对自身能力水平、自身价值的主观评价和主观意识。换句话说，自信心是一种积极的情感态度，是对个体的一种肯定。

一般来说，如果某个体的自信心较强，那么他们对自己的未来就充满信心，对英语学习也保持积极向上的心态。当然，由于他们对自己的英语学习充满自信，因此更愿意参与到英语学习中，也愿意主动思考，积极地接受和完成任务。

如果某个体的自信心不强，那么他们对自己的未来没有信心，不愿意主动接受挑战，也不愿意主动参与到英语学习中，其各方面的能力受到禁锢，因此很难达到自己的英语学习目标。

正如心理学家所说，只有在自信的前提下，其他的情感因素才会发挥作用。因此，学习者要想获取成功，就必须充满自信心。不仅基础好的学习者应如此，学习有困难的学习者也应如此，并且坚信成功是早晚的事。

（4）兴趣与积极性

学习兴趣和积极性是学习者对事物、学习活动进行积极认识的倾向，是英语学习过程中最活跃和现实的成分。众所周知，学习兴趣和积极性对人们有着很大的推动作用。如果人们对于某件事、某项活动有着积极和浓厚的兴趣和积极性，他们就会付诸满腔的热情，学习或工作效率也会非常高。

正如心理学家研究中表明的那样，在学习和工作中，兴趣或积极性对成功的影响占25%，智力对成功的影响占15%，而缺乏兴趣和积极性对失败的影响占35%，缺乏智力对失败的影响为零。可见，兴趣或积极性对一个人的成败有如此巨大的作用。

在英语学习过程中，兴趣和积极性的影响也是十分明显的，它能够激发学习者的求知欲，推动学习者积极参与到学习和训练中，主动积极地获取知识和技能。当学习者从内心里对英语学习充满兴趣和积极性，那么他们会集中更多的注意力在学习中，他们的思维也会更加的活跃和开阔，记忆效果也会明显增强。总之，培养自身对英语学习的兴趣和积极性是学习者不能放弃的艰巨任务，也是对教学的一种要求。

2.调动学生积极情感的策略

教师在英语教学过程中应及时关注学生在情感方面的反应，并进行适当引导，以取得满意的教学效果，具体可从以下两个方面入手。

（1）建立融洽的师生关系

在英语学习中，学生是学习活动的主体，每个学生都应有接近感、亲近感、信赖感、共鸣感、意志感等移情体验。除具备较高的外语水平外，他们心目中的好教师还应使他们得到尊重、信任、鼓励等积极情感体验。这样，他们才会把对教师的爱和信赖转移到外语学习上，积极参加英语操练活动，学习效率才会大大提高。因此，作为一名外语教师，一定要加强与学生间的情感交流，以自己渊博的知识、高尚的情操、精湛的教艺和认真负责的态度去激励学生，共同开展英语教学。

（2）激发学生的学习动机

学习动机在英语教学中起着十分重要的作用。利用情感因素激发学习动机，可以产生事半功倍的效果。因此，找出办法激励学生的学习动机对于全面提升英语教学的效率有明显作用。

首先，教师应该让学生认识英语对自己未来的工作、生活的实际意义，这样才能使学生主动体会到学习英语的必要性，如介绍经典的外文网站，推荐有趣的外文读物，布置适合的对话练习等，立足未来去启发学生认识外语学习的重要性。

其次，教师应充分利用学生固有的动机，设置相应的情景来深化他们的认识。例如，在课堂上经常进行对话表演练习，可使学生的参与性和学习热情都得到大大提高。

（3）使用情感性评价手段

传统的英语教学模式常使用总结性评价。这种评价方式重成绩、重结果、重区别、重淘汰，从评价内容上看侧重对单纯的语言知识结构的考查，评价结果常常会造成"天上"与"地下"的两种情况，即好学生欢天喜地、差学生垂头丧气。

评价学生在学习过程中所表现出的兴趣、态度、参与活动的程度等，即采取形成性评价手段，教师能够通过真实的教学反馈信息来了解学生的点滴进步，又能对学生所遇到的问题进行深入分析，在保护学生自尊心的基础上提高孩子的自信心和对学习的积极性。这不仅可以减少学生对英语学习的恐惧心理，还可以使他们始终能体会到情感上的鼓励，形成学习上的良性循环。

此外，教师还可以使用其他一些灵活的评价方式。例如，教师可利用学生个人自评或者小组互评，让学生既可以得到同龄人的肯定，又可看到其他学生的长处或者进步。同时，学生会获得一种成就感，更有利于积极情感的形成。

第三章

翻转课堂应用于大学英语
教学改革的必要性

翻转课堂的出现给大学英语教学带来一场颠覆性的变革，主张让学生在课前进行视频学习，并在课堂上完成英语语言的运用，从而实现学以致用的目的。翻转课堂真正实现了大学英语教学理论与实践的结合，符合社会对英语人才的需求。

第一节　翻转课堂应用于大学英语教学改革的必要性

一、以学生为中心

翻转课堂教学模式是对传统教学场所、教学时间等的改变。通过这一教学模式，教师将讲授的媒介转向视频，学生通过自学来获取知识。教师可以通过Facebook，Twitter等为学生提供资料，学生可以在网上对这些资料进行获取，从而主动进行学习。课堂成为师生、生生之间交流的场所，从而有助于促进学生的探究学习、协作学习。

二、增强学生学习的自主性

在翻转课堂教学的课前学习部分以及课堂的任务活动部分，都需要学生参与其中，这不仅仅让学生对学习负责，还让学生认识到只有通过学习，才能够与教师或者其他学生展开探究。这时候，学生从被动的学习转向主动的学习，有助于培养他们的自主学习意识。

三、有利于提升家长的监督参与度

在传统的教学模式中，教师、家长的重点都在关注学生的课堂表现，如学生在课堂上是否认真听教师的讲课，学生在课下是否完成了教师的作业等。但是，由于教师的精力有限，他们不可能关注或者详细关注每一位学生，这就导致一些学生逐渐丧失学习的动力。相比之下，翻转课堂教学模式扭转了这一局面，当学生通过视频进行学习时，教师与家长都能起到督促作用，并且能够真实地看到学生的学习情况，如果学生的学习出现问题，家长可以和教师进行商量，进而采取一定的干预措施。这是学生—家长—教师三者的互动，有助于促进学生的主动学习。

四、便于差等生反复学习

在传统的大学英语教学中，教师将教学重点主要放在优秀学生身上，因为从教师层面考量，这些优秀的学生可以跟上教师讲课的进度，并且愿意与教师展开互动。但是，教师需要注意的一点就是，班级中不仅有优秀学生的存在，还有一些水平一般或者较差的学生，这些学生在课堂上往往是被动地进行学习，这种被动的学习很难追赶上教师的进度。基于这些成绩较差学生的表现，大学英语翻转课堂教学可以让他们在课下进行反复训练，即对教师讲授的知识进行循环播放，从而真正地获取知识。另外，大学英语翻转课堂教学也便于教师节省自身的时间，让他们将更多时间用于辅导这些学习成绩较差的学生。

五、便于师生之间互动

与传统的大学英语教学相比，大学英语翻转课堂教学便于教师与学生之间展开互动，对他们传统的相处模式加以改变，并且彼此之间的交往模式是一对一的。如果学生对某一知识点或者某些知识点存在困惑，那么教师可以将这些存在困惑的内容进行整合，然后帮助学生进行分析，从而真正地答疑解惑。

另外，在大学英语翻转课堂教学中，学生与学生之间也会不断进行互动，他们不仅仅将教师作为知识的来源，还可以在和其他同学的互动中获得知识。

六、便于人性化的课堂管理

在传统的大学英语教学中，教师为了能够让学生更及时、更准确地获得知识，往往非常看重对教学课堂的管理，并且看重学生是否集中注意力在课堂上。这是因为从教师角度上说，如果学生的思维被某些事情扰乱的话，那么就会导致他们的注意力不集中，进而影响他们的学习进度。与传统的大学英语教学相比，大学英语翻转课堂教学避免了这一情况，具体来说，可以从如下几点分析。

第一，英语翻转课堂教学将学生的主动权归还给学生。英语翻转课堂教学强化了师生间、生生间的互动关系，让学生有了足够的主动权，发挥自身的主观能动作用，投入到学习中。虽然在传统的英语课堂教学中，教师也会对学生进行辅导，但是基于传统理念，教师的辅导仅限于形式，教学活动仍旧在于讲授，学生并未占据主体地位。在"互联网+"背景下，英语翻转课堂教学使学生的主体地位得以确立，学生能够根据教师给予的资源开展自主学习，然后遇到不懂的情况，可以在课堂上与教师展开讨论，这样自己的知识久而久之就不断深化了。

第二，英语翻转课堂教学对传统的教学模式中学生的学习态度与观念进行扭转。在英语翻转课堂教学中，学生的学习内容是从自身的需要考量的，根据自身的兴趣来定位。基于总体学习目标，学生根据教师提供的学习资料与路径，对自身的知识进行建构，提升自身的英语水平。

第三，英语翻转课堂教学逐渐降低了学生对教师的依赖程度。也就是说，在英语翻转课堂教学中，学生知识的习得是最主要的，他们并不完全依赖于教师，因此学生占据主体地位。英语翻转课堂教学要求学生要自主学习，在他们的自主学习中，往往需要其他同学的帮助，久而久之就会形成一种习惯，然后愿意去接受与学习知识，并展开与其他同学的探讨，这样不仅有助于提升自身的英语水平，还有助于加强自身与他人的交流。

第二节 翻转课堂应用于大学英语教学改革的可行性

翻转课堂模式从理论研究到应用实施,中间经历了漫长的过程。如今,翻转课堂模式已在全世界教育领域产生巨大反响,其最后的应用落地就已经表明了它的可行性。

一、翻转课堂符合英语学科特点

大学英语教学的目标不仅在于夯实学生的英语知识基础,更在于提高学生的英语综合运用能力。英语综合运用能力包括听、说、读、写、译五个方面的能力。这些能力的提高仅仅依靠课堂有限的教学时间是很难完成的。在传统大学英语教学的背景下,学生缺乏运用英语的环境,也没有运用英语的时机,课下又缺少教师的监督和指导,根本谈不上语言的运用。

在大学英语教学中应用翻转课堂后,课堂时间就成为运用英语的时间,教师通过举行各种互动活动,如情景对话、角色扮演、小组讨论、英语演讲等,来促进学生之间进行英语交流,这就有效地锻炼了学生的听力能力和英语语言表达能力,符合大学生英语学习的特点和发展需求。

二、翻转课堂知识建构的转变

传统大学英语教学模式关注的是教学目标的达成,但是翻转课堂更关注的是学生的兴趣和发展。在翻转课堂中,学生在课外和课内都处于良好的学习状态,无时无刻不在学习,英语学习不再呈现出固定、死板、僵化的形象。事实上,翻转课堂是对传统教学模式的翻转。翻转课堂中的学生围绕核心知识进行学习,拓展知识广度,增加知识深度,建构自我化、个性化的知识体系,提高了自主学习能力,通过培养自己的兴趣来构建自己的英语学习模式。

三、教学环境可以达到实施翻转课堂的条件

信息技术为翻转课堂的实施提供了良好的教学环境。如今，各种电子产品琳琅满目，手机、电脑等电子产品成为大学生学习英语的工具。同时，大学建立电子阅览室、校园网、自主交流学习平台，这些也使得大学生有更好的客观条件去进行英语学习。另外，网络通信技术如微信、QQ等交流方式的普及也为翻转课堂的开展提供了软件支撑。网络英语教学资源取之不尽、用之不竭，学生课前除了可以观看教师录制的视频课程，还可以通过听播客、阅读英文电子书、观看英文电影或者访问英文学习网站等方式进行个性化英语学习，这在拓宽学生知识面的同时也提高了教学质量。

总之，信息技术为翻转课堂的实施提供了设备和技术等支持，有利于学生的英语自主学习以及英语交流。

第三节　翻转课堂应用于大学英语教学改革的设计流程

一、翻转课堂设计的核心要素

翻转课堂是对传统大学英语教学模式和教学方法的革新，通过对知识传授与知识内化两个学习资源阶段的翻转，提高学生学习的主动性和学习效率。因此，教师应把握翻转课堂的关键要素，准备富有创造力的教学资源和学习环境，组织多样化的课堂教学活动，通过分析为学生提供更有针对性的教学，充分发挥翻转课堂的优势。总而言之，大学英语翻转课堂设计的核心要素包括学习活动、学习资源、学习环境和学习分析。

（一）大学英语翻转课堂的学习活动

课堂的学习活动是大学英语翻转课堂设计的核心部分。大学英语翻转课堂的有效实施需要建立在设计良好的学习活动的基础上。

在大学英语翻转课堂教学过程中，新知识的学习过程已经在课前完成，取代了传统课堂教学中的教师讲授新知识的模块，给师生留下了更多的课堂时间，如何利用好课堂时间组织教学活动，学习知识内容，是决定大学英语翻转课堂是否成功的关键。目前在国内提及翻转课堂，大部分人都是集中在如何制作教学视频上，但实际上比视频更为重要的是课堂活动的组织。翻转课堂教学活动包括小组学习活动、全班交流活动和个人学习活动，但以小组学习活动为主。

大学英语翻转课堂教学活动涵盖了解答学生疑问、解决重点难点、课堂讨论、探究实验和练习巩固等多个方面，教师需要根据学科特点和学生实际情况精心设计课堂活动。大学英语翻转课堂需要良好的互动和有意义的深度学习。大学英语翻转课堂设计对教师的教学能力和综合素质有较高要求，教师需要在课堂中敏锐地发现多数学生存在的困惑，并及时解决。纵观目前不少学校的英语翻转课堂，由于形式过于单一，甚至全部活动用来做练习测试，导致学生慢慢失去了兴趣。

在正式上课前，教师应当确保学生已经观看了教学视频，并完成单元检测，即要求学生在课前完成基础性的测试题目，以便于学生自己及教师发现问题，了解实际学习效果。在课堂上，教师通过设计有意义的任务和具有挑战性的问题引发学生思考，推动学生间进行互助交流，对于一些自控能力较差，或是自己学习有困难的学生来说，学习小组可以起到监督和带动的作用，帮助学生打破在课外学习的孤立感，进一步增强学习效果。教师要对学生的疑问进行整理，对其中具有代表性的问题，应放在课堂上集中讨论解决，对于个别学习相对滞后，或是学习积极性不高的学生所存在的问题，可以在课前单独给予指导。

大学英语翻转课堂教学设计，还要重点关注如下问题。

（1）解决学生疑问，层层引导。学生完成了前一阶段的自主学习，教师在课堂上可以直入主题，就学习中普遍存在的疑惑集中给予解答。此外，教师也应关注个别思维更加活跃、学习进度较快的学生提出的问题，这类问题往往可以作为一条主线，引导学生作进一步探究。

（2）统筹兼顾，突出重点。课前的教学视频只针对重难点，对于其他一般性的知识点，教师可以放在课堂上完成讲授，避免知识的割裂。

（3）交流协作，加深内化。由于教学视频可能只涉及基本的知识讲解，因此在知识深化方面，教师可以根据学生的兴趣及学习能力将学生分组，通过布置任务完成知识的深化和内化，学生在交流中相互启发和批判，也提升了团队协作和沟通能力。在学生分组学习时，教师也应参与到学生当中，对出现的问题给予点评，及时纠正偏离方向的讨论，提高课堂学习效率。

（二）大学英语翻转课堂的学习资源

大学英语翻转课堂的有效实施需要丰富优质的学习资源来支持，这些学习资源可以是微课视频、电子课件、互动电子教材、学习网站、在线课程、文本教材和练习题等，其中微课视频是最常用、最重要的学习资源，内容以知识点为单位，聚集了对新知识的讲解。

从视频的形式上看，怎样在10分钟以内牢牢抓住学生眼球，需要教师在录制视频时充分考虑视频的视觉效果，灵活采用画面、声音等多种表现手法。此外，字幕的配合也很重要，字幕是画面、声音的延伸和补充，能够弥补授课者口音的缺陷，更清晰准确地传达视频的信息。从视频内容的实质上看，教师需要把握的是视频应当有益于学生在课前进行探究式学习，视频应当是那些足以引发学生兴趣、讨论、质疑的材料，如果视频只是单纯地录制教师讲授的内容，实质上还是没有打破学生被动接受学习的模式，只不过将听课的地点由课堂移到了课外，终究是回到传统教学的老路上了。

除了传授知识所用到的教学视频，教师还应当着手建立与扩展资料库，为学生提供可以扩展学习的资料，这些资料包括其他开放学习平台提供的视频、文字阅读资料、习题库等。扩展学习有助于学生进一步了解所学内容的背景知识、与其他知识的联系，一方面帮助学生更好地理解和掌握教学大纲中的知识点，一方面进一步培养了学生自主学习的能力。

大学英语翻转课堂学习资源主要用于支持学生课前的自主学习。为了取得更好的自主学习效果，除了为学生提供视频资源外，还需要提供教师精心设计的自主学习任务单，并与视频资源配套使用。学生依据学习任务单的要求，观看视频，完成知识学习。学生只有在课前完成对学习资源的学习，获得了知识内容并发现学习过程中存在的疑难问题和困惑，带着问题参与课堂的讨论活动，才能达到知识内化和创新的目的。

（三）大学英语翻转课堂的学习环境

大学英语翻转课堂需要有网络学习平台和学生学习终端组成的网络学习环境的支持。网络学习平台主要提供教师个性化推送和学生自主选择学习资源、学生学习在线测试数据收集和分析、师生和生生互动交流信息等功能。这是实施翻转课堂教学最基础的环境。学习终端主要是支持学生的微视频学习、在线测试和网络交流等。

（四）大学英语翻转课堂的学习分析

在大学英语翻转课堂实施过程中，教师需要利用学习分析技术，对学生在课前在线学习产生的大量学习数据进行解释和分析，有效分析判断学生的学习问题，评价学生的学习进展，甚至评价学生的批判性思维、协作交流能力和问题解决能力等，以帮助教师设计和调整教学内容和教学过程。例如，在微课学习过程中，教师发现某个环节或知识点被学生反复点击的时候，要意识到这可能是一个对学生来说难掌握的知识点，或者自己对这个知识点的讲解有问题，需要据此调整教学，重新录制视频。

二、翻转学习任务单的设计

（一）设计学习任务单的意义

大学英语翻转课堂学习任务实际上包括了课前自主学习任务和课堂互动学习任务。这里重点讨论课前自主学习任务。学习任务的设计通常以学习任务单为载体。在大学英语翻转课堂教学中，学习任务单既是教师设计给学生，让学生通过自主学习完成学习目标的支架，也是教师指导学生自主学习的载体，通常以表单的形式呈现。

自主学习任务单的设计，是大学英语翻转课堂教学设计的第一步。在课前自主学习中，教师并不会出现在学生面前，教师对学生学习的指导，主要以学习任务单为"抓手"来完成。学生通过阅读学习任务单，明确学习的目标、方向和任务，并通过学习任务单向教师反馈学习过程中产生的疑问。

自主学习任务单设计的质量，影响到学生的课前自主学习能否顺利启动；影响到学生能否按照要求观看教学视频和阅读相关的学习材料；影响到学生能否在自主学习中启动独立思考程序，能否发现自主学习中的疑难问题。这些疑难问题是后续的课堂翻转的基本条件。因此，自主学习任务单设计的优劣，既关系到课前自主学习的质量，也关系到后续的课堂互动学习和探究学习能否有效展开。所以，学习任务单的设计非常重要。

（二）设计学习任务单的方法

"自主学习任务单"为苏州市电教馆原馆长金陵老师所创。他设计了一套非常系统和全面的"设计模板"给教师们使用，受到广大教师的欢迎。"自主学习任务单"设计模板如表3-1所示。

表3-1　课前"自主学习任务单"设计模板

一、学习指南
1.课题名称： 提示：用"版本+年级+学科名+册+内容名"表示
2.达成目标： 提示：达成目标从教学目标转化而来，是学生通过自主学习应该达到的认知程度、认知水平，或曰认知标准。请用"通过观看教学视频（或阅读教材、分析相关学习资源）和完成'自主学习任务单'给出的任务+谓语+宾语"表述
3.学习方法建议： 提示：有就写，没有就不写，不要"喧宾"夺了"任务"之"主"
4.课堂学习形式预告： 提示，要说明课堂教学组织形式，也可用流程图代替，其目的是使学生明确自主学习知识与课堂内化知识的关系
二、学习任务
通过观看教学视频自学（或阅读教材，或分析提供的学习资源），完成下列学习任务：（提示：含微视频链接等帮助性信息）
三、疑惑和建议
（提示：此项由学生自主学习之后填写）
备注：1.栏目不够用可以自行扩展；2.完成"自主学习任务单"设计之后，别忘了删除所有提示项

根据上述"自主学习任务单"的不足以及对教师的建议，王奕标设计了一个缩略版的课前"自主学习任务单"设计模板，如表3-2所示。

表3-2　缩略版的课前"自主学习任务单"设计模板

课题名称	
学习目标	
学习任务	
学习成果	
疑难问题	

自主学习任务单的核心内容是学习目标和学习任务，下面重点介绍这两部分内容的设计。

1.学习目标的设计

学习目标是教学目标的转化形式，反映要求学生通过自主学习掌握学习材料的维度和程度。学习目标不是一个变量要求，而是一个常量要求。要求学生在家有一个自定进度的学习计划，即按照自己的步骤学习，直到掌握学习材料，达到学习目标规定的要求。

学习目标的设计步骤如下：第一步，通过分析教材提炼出教学目标；第二步，把教学目标转化为学生自主学习应当达成的目标。

学习目标不同于教学目标。为了让学生清晰地了解自主学习任务，要求用"通过观看教学视频（或阅读教材，或分析相关学习资源）和完成'自主学习任务单'给出的任务+谓语+宾语"等表述，使学生对于通过什么样的方式能够达到学习目标一目了然。因此，这一转化对于能否促进学生高效自主学习是非常关键的。

2.学习任务的设计

学习任务是自主学习任务单的主体部分。学生自主学习能否达到学习目标，主要依靠学习任务来实现。学习任务的设计一般要达到以下要求。

（1）学习目标的要求

学习目标是教学目标的转化形式，以便学生在自主学习开始之前，就能清晰地了解通过怎样的途径达到什么样的学习目标和要求。要把学习目标落到实处就要精心设计学习任务，使学习任务达到"只要学生完成任务就能达到学习目标"的程度。一旦做到了这一点，我们就会发现，所有的学生都能通过自主学习达到以往教师讲课希望达到的教学目标。

（2）把知识点转化为问题

把知识点转化为问题是任务设计最基本、最有效的方法。知识点转化为问题，是把教学重点难点和其他知识点转化为问题。这是基于两个方面的考虑：一是可操作性。问题是自主学习的向导，所有的学生面对问题，都不会觉得自主学习无从下手；二是培养基于理解的举一反三能力。

（3）考虑知识点的覆盖面与权重

任务设计要考虑两个方面：一是兼顾教学重点、难点和一般知识点的覆盖面，二是考虑知识点之间的权重。

（4）提供方便的资源链接

提供方便的资源链接，指的是在学习任务等栏目中，在学习者最需要的地方，做好显著的链接标志，并做好链接，为学习者提供便捷的学习路径。链接包括教师提供的资源网站链接，也包括配套微视频（微课）的链接。如果没有配套的个人学习空间（平台），建议与"自主学习任务单"一起打包，方便学生学习。

（5）融入练习

当学生通过自主学习理解了概念、原理之后，可以提供几个与"任务"难度相当的题目让学生练练手，使其印证自主学习成效，获取学习成就感。

（三）设计学习任务需要处理的两个关系

1.学习目标与学习任务的关系

在实际的自主学习任务单设计实践中，经常有教师混淆"任务"与"目标"的区别与联系。对此，在进行教学设计时，应明确学习目标与学习任务之间的联系与区别。

2.课前任务与课堂任务的关系

实际上，大学英语翻转课堂的核心不是课前学习，而是课堂中的互动和探究活动。课前学习是为课堂研讨服务的。课堂能不能有效翻转，主要取决于参与课堂讨论的学生能不能在课前通过观看视频进行独立的思考，发现更多问题，形成自己独到的观点，在此基础上，才能在课堂研讨中与同伴进行思维的碰撞并擦出智慧的火花。因此，学生完全看明白视频的知识点和内容，完成自学任务单中的练习题，甚至全部满分，并不是有效翻转的充分条件。个别学生个别知识点没有弄懂，正好可以通过协作探究的方式加以解决。换言之，课前学习的主要任务是"发现问题"，而不是"解决问题"。通过课前学习，发现问题越多，课堂研讨活动就越有价值和意义。因此，课前与课堂之间的目标与任务必须建立一个合理的梯度关系。如果课前的目标过高、任务过重，甚至将课堂应该完成的探究任务放在课前完成，一则造成学生课外学习负担过重，变成课外难以承受之重。二则即便课前能将过重的任务完成，也会造成课堂任务不够。例如课前学习目标设置过低，所完成任务不足以支持课堂协作探究，讨论不需要的内容和话题等。

（四）设计学习任务需要注意的问题

1.要充分关注不同层次学生的学习需求

学生的学习能力有高低之分，但他们都有内在追求成功的渴望。高效的课堂教学必须使全体学生都能投入其中，让更多学生都能获得成功的喜悦，这就需要教师在设计自学任务单的时候充分关注不同层次学生的学习需求，设计贴近于各层次学生的学习任务：教师可以针对同一练习在自学任务单中提出不同的达标要求，可以将某一实践活动的步骤在任务单中罗列出来供学生参考，通过这样的方式予以有能力差异的各类学生尝试获得成功的机会。

2.要为学生的自主学习提供合适的支架

学习任务单是以"学生的自主学习"为特征的教学支架，这里的学生自主学习并不意味着教师袖手旁观，教师要在自学任务单中给予学生自学所需的帮助，可以提供适合学生学习的信息环境，可以为学生创设合理的活动情景，还可以将自学所要采取的方法、步骤呈现在任务单中，为学生搭建自学的阶梯，提高自学的效能。

3.要有足够的驱动力推动学生的自主学习

自学任务单设计的立足点是把教师设计教学的出发点真正转移到"为学生的学"上，并把是否有利于学生的学作为检验教师的设计是否有效的重要标准，因此任务单的设计要难易适度。过多容易的任务会使学生长时间处于低水平思维状态，他们（尤其是学习能力强的学生）会逐渐丧失学习的兴趣；过多难度偏高的任务则对学生的思维带来压力，尤其易增加学困生的挫折感。因此，任务单设计一定要充分考虑学情，设计难度适中的任务，这样有利于为各层次学生都提供足够的驱动力，促进他们的自主学习。

自学任务单的关键是教师要及时了解、掌握所教学生的具体学情，根据学情制定与之相匹配的学习任务单，逐一落实，这一步至关重要。在教学过程中，要随时关注学生的学业变化过程，诊断教学过程和学生学习过程中所有变化和有可能出现的结果，不断调整、更新自学任务单的内容和难度，使之与学生实际需求相适应。这就要求教师要全身心地投入工作，关注学情的差异性，关注教学的各个环节，引导与启发学生跟着教师的教学步骤，及时调整，及时反馈，及时消化学习任务单的具体内容。课堂上要根据不同对象，采用不同方法点拨和引领学生的学习，教师还要比对学生在学习过程中的成绩变化，共同完成学习或教学目标，体现自学任务单的成效，这是自学任务单的核心任务。

三、翻转学案的设计

学案又称"导学案"，是由教师设计，用于指导学生自主学习和知识建构，具有导读、导视、导思、导练的功能。

（一）翻转学案的构成

学案通常由学习目标、学习重难点、知识链接、学法指导、学习内容、展示提升、学习小结、达标检测等几个环节构成。

（1）学习目标。教师要深入钻研教材，为学生设置明确的学习目标，数量以2~4个为宜，不能太多，学习目标中不要用"了解""理解""掌握"等模糊语言，要用"能记住""能说出""会运用""解决……问题"等可检测的明确用语。

（2）学习重难点。根据课标要求、教材内容、学生实际，确定学习重难点。

（3）知识链接。复习相关知识或引入与所学内容有密切联系的知识，目的在于扫清学习新知识的障碍，为新知学习做好铺垫。

（4）学法指导。学法指导有两种呈现形式：第一种是把学习方法渗透和融入知识的导学中，不单独呈现；第二种是学习方法单独呈现，如阅读的技巧、做笔记的方法、自主学习的方法、小组合作的技巧等，在导学案中提出明确的要求。

（5）学习内容。学习内容是导学案的核心，要体现导学、导思、导练的功能，要使目标知识化、知识问题化、问题探究化、探究层次化。学习内容包括自主学习、合作探究。

（6）展示提升。展示必须是学生深入探究的问题，无论是组内小展示还是班内大展示都要明确展示是提升，绝不是各小组对导学案上问题答案的重复性讲解，统一答案。要突出展示的三大原则，即问题性、互动性和创新性。

（7）学习小结。学习小结也就是对知识结构的整理归纳。

（8）达标检测。达标检测题的设计及使用的具体要求：题型要多样；量要适中，不能太多，以5分钟左右的题量为宜，要有针对性和典型性；难度适中，既面向全体，又关注差异；建议可设置选做题部分，促进优生成长；规定完成时间，要求独立完成，培养学生独立思考的能力，注重及时反馈矫正。

（9）学习反思。课堂学习中存在的问题和学生的感悟，是宝贵的学习资源。学生填写"学习反思"，当作复习时需要注意的问题。导学案上应该有留白处，让师生写下在导学案的使用中生成的知识点。

（二）翻转学案设计的原则

1.导学性原则

学案的设计要体现"导学"，重在引导学生学习而不是一味做练习。学案设计时要将知识点转变为探索性的问题点、能力点，通过对知识点的设疑、质疑、释疑、激思，培养学生的能力品质和创新素质。热情地鼓励学生勇于探索创新，科学地设计问题引起探索，适时引线搭桥帮助探索是"学案"的重要手段，是学案设计的关键所在。

2.主体性原则

主体性原则也就是"以学为中心"的设计原则，主要解决学什么、怎样学的问题，而不是教什么、怎么教的问题。教师在设计时，要用学生的眼光看教材，用学生的认识经验去感知教材，用学生的思维去研究教材，充分考虑学生自学过程中可能遇到的思维问题。这一点对于大学英语翻转课堂教学设计有至关重要的指导意义，因为从"以学生为中心"出发和从"以教师为中心"出发将得出两种全然不同的设计结果。

（三）翻转学案设计的方法

从"教案"到"学案"的转变，必须把教师的教学目标转化为学生学习的目标，把学习目标设计成学习方案交给学生。根据学生现有知识、自学能力水平和教学要求，参照各方面信息，制定出一整套学生的"学案"。其特点是教学中由教师如何"教"转变为学生如何"学"，要具有预见性和指导性。学案设计的方法和设计的一般要求具体如下。

1.学案设计的方法

在设计"学案"时，应依据学习的内容、目标和学习者的情况而变，没有千篇一律、固定不变的格式。从"教为主导，学为主体，以学为本，因学论教的原理出发，遵循循序渐进的原则，有步骤、分层次地从知识、能力到理论的运用逐步加深。不同层次的学生可根据不同层次目标要求进行自主学习。教学中的学案"设计一般分为以下四个部分。

（1）明确教学目标，建立知识结构框架

学案中要体现出明确、具体的学习目标，即知识目标、能力目标、德育目标。知识结构包括学科知识结构，单元或章的知识结构，课时知识结构。通过知识结构分析，建立知识结构框架，使学生对将要学习的知识有一个整体的宏观认识。

（2）把握知识的重、难点，找出最佳切入点

"学案"把重点、难点问题交给学生，给学生一定方法引导和思维启示，让学生自己动脑，分析并解决问题，在探究中加深对知识的理解，培养学生分析问题、解决问题的能力和思维能力。

（3）设计问题，培养学生运用知识的能力

设计恰当的问题是引导学生探索求知的重要手段，是"学案"设计的关键所在。教师要依据学习目标、学习内容，依据学生的情况，精心设计问题。问题的设置要根据学生现有的知识水平和综合素质，有一定的科学性、启发性、趣味性和实用性，还要具有一定的层次性。

（4）通过练习，及时自查和巩固学习效果

在"学案"的最后，让学生在自学探索后进行自查巩固。学生层次不同，理解问题和解决问题的能力有较大差异，自学过程中可能会出现各个层面的新问题，帮助学生及时从练习中发现这些问题并进行及时正确的引导，对培养学生的主体意识和思维能力是至关重要的。

2.学案设计的要求

（1）理清教与学之间的关系，努力给学生提供更多的自学、自问、自做、自练的方法和机会，使学生真正成为学习的主人，增强对学习的兴趣。

（2）引导学生独立思考，实现掌握知识（学会）与发展能力（会学）的统一。使学案成为学生掌握学科知识体系和学科学习方式的载体，以及教师教学的基本依据。

（3）实现个性发展与全面发展的统一。学案的设计应该充分考虑和适应不同层次学生的实际能力和知识水平，使学案具有较大的弹性和适应性。

四、翻转课堂活动的设计

在传统课堂教学中，教师通过讲授来帮助学生识记和理解。因此，课堂教学核心活动是教师讲授，而在大学英语翻转课堂教学中，以往教师的讲授现在都由教学视频代替了。在大学英语翻转课堂中，既然学生在课前已经完成知识的认知和理解，那么以往需要通过大量的课后作业来完成的知识应用训练以及现在强调的知识"分析、评价、创造"，都要在课堂教学环节中解决。

在大学英语翻转课堂的课前学习阶段，学生得到的是"碎片化"的知识。对于一门学科来说，这些"碎片化"的知识是需要整合成整体知识模块的。另外，课前学习的东西毕竟还是初步的、表层化的，学生需要对知识进行内化。

这个整合和内化的过程，主要依靠教师的引导，在课堂经过互动和协作完成。如果说课前的学习考验学生的自主学习能力和意志的话，那么对于习惯于传统"传道授业"的教师，要适应和掌握大学英语翻转课堂的互动和协作活动，是最考验教师的活动设计能力的。课堂上，师生共同对学习中存在的问题进行探讨、商榷、研究，包括答疑解惑、知识的运用等，让学生完成学习目标。大学英语翻转教学的课堂主要通过五个环节来完成，因此其设计也主要体现为五个环节。

（一）确定问题

课堂探究的问题需要师生共同确定。从教师的角度而言，教师需要根据教学内容的重难点提出一些问题；从学生的角度而言，学生根据自己在课前观看教学视频后进行课前针对性练习时发现的疑问，以及与同伴交流时未解决的困难提出一些问题。综合两方面来确定用于课堂探究的问题。

上课的第一个阶段，学生先根据教师提出的课前要求和问题，陈述在课前学习中遇到的、希望同学和教师给予帮助和解答的困难和疑问，再提出新发现的问题。教师整理旧问题和新发现的问题，提交小组讨论和解决。由于长期的传统教学形成的个体性格和思维习惯，学生可能既不愿意承认自己遇到困难或疑惑，也不善于发现和质疑新问题，因此这是大学英语翻转课堂最难的一步，需要教师加以引导和鼓励，消除学生心理上的障碍，引导发散的思维方式，教会学生找问题。教师整理需要小组讨论解决的问题，可以请学生帮助，与学生一起来挑选和决定最重要、最需要讨论和解决的问题。精选问题时既要考虑到问题的重要性，还要考虑时间的限制。

（二）合作探究

小组协作解决问题，形成小组答案和意见。教师根据学生的不同特点进行异质分组，并分配给每个小组探究式题目，每组规模一般控制在4~6人，在其中推选出一个组长，用于组织该小组的探究活动。小组中的每个成员都要积极参与到探究活动中，随时提出自己的观点和想法。小组成员之间通过交流、协作共同完成学习目标。在此过程中，教师需要随时捕捉各小组的探究动态并及时加以指导，根据实际情况选择恰当的小组学习策略，如头脑风暴、小组讨论等。小组讨论可以先解决本小组学生陈述和提出的问题，再讨论和解决其他组学生的问题，这样更容易入手。如果对要讨论的问题不够清楚，还可以请提问的学生再陈述一遍。然后形成小组意见和答案。如果还有解决不了的问题，可以向全班学生和教师提出，要求帮助和解决。按照"人人参与"的原则，确定全班研讨会的发言人。在大学英语翻转教学实验初期，可以请表达能力强的学生代表发言，以对其他学生起到示范作用。在后期阶段，一定要注意全体参与性，保证所有学生的积极性和参与机会，避免某些学生的意见和机会"被代表"。

（三）展示质疑

学生经过了小组间开展协作探究式活动之后，要将个人及小组的成果在课堂上进行展示，并组织全班研讨。全班研讨需要教师进行组织，必要时教师可以加以补充。但要避免教师过于主导，将研讨会变成教师"一言堂"。采取的形式可以有演讲型、成果演示型、小型比赛等，并且各小组之间进行交流与评论及分享学习收获。

（四）点拨评价

教师总结，布置新任务。最后阶段，教师对学生的意见进行归纳和补充完善。对某些错误的答案，教师要进行更正。对不完善的意见，教师要进行补充。但对某些开放性的问题，并不需要"统一认识"。教师对学生完成任务的情况进行分析、归纳、整理，了解学生学习中存在的问题，将已经掌握的和还需要进一步探讨的，以及可以拓展和深化的东西进行分类，设计课堂教学新方案。最后布置下一次教学需要观看的视频和需要思考与解决的问题。

（五）达标测评

经过前面的深入探究和深度学习，学生对课程标准要求的概念知识和学科原理，已经得到深刻的理解和创造性的应用，理所当然可以在下课前五到十分钟内完成课程标准要求的达标能力，顺利完成达标测评。这可以理解为应试教育环境下大学英语翻转课堂实验的一个折中和妥协。既保证翻转后能大幅度提高学生的综合素养和创造能力，又能在学业成绩上保持稳定增长。大学英语翻转课堂教学活动，贯穿了"提出问题—解决问题—评价问题"的过程。每一课的时间是固定的，需要教师把握每个环节的重要性和难度，灵活分配时间，保证翻转教学的顺利进行。

第四章

翻转课堂应用于大学英语教学内容的创新路径

　　信息技术快速发展，并日益深入社会生活的各个方面，在大学英语教学领域同样也不例外。大学英语词汇、语法知识教学与听、说、读、写、译基本技能教学是大学英语教学的重要组成部分，学生只有熟练掌握了这些基本知识与技能，才能真正提高自身的英语综合运用水平。通过翻转课堂展开英语教学，可以更好地提升大学英语各项知识与技能教学的效果。本章就来具体分析翻转课堂在大学英语教学中的应用。

第一节　翻转课堂应用于大学英语词汇与语法教学的创新路径

一、翻转课堂应用于大学英语词汇教学的创新路径

（一）大学英语词汇教学的现状分析

1.教师层面

（1）教学方法单一，脱离英语语境

词汇的掌握对英语语言学习的重要性是不言而喻的，但词汇的记忆和掌握的过程又是枯燥和困难的，这就需要教师来缓解这种枯燥，需要教师用创新教学方法来创设教学情境，营造教学氛围，激发学生学习的积极性和动力。但是就目前大学英语词汇教学的现状来看，教师并没有将心思花在教学方法的创新上，而是依然采用陈旧的教学方式，即教师领读单词、讲解词汇用法、学生记忆单词。基于这种课堂教学模式，学生的主体地位被忽视，学生只能被动地学习和记忆，积极性根本无法调动起来，甚至还会产生抵触情绪。此外，部分教师在教学中对词汇的整体性认识不足，未能将词汇放到具体的句子或情境中，最终导致学生对一词多义理解不深，限制了学生综合能力的提升。

实际上，任何一种语言都产生于实际应用，要想掌握地道的语言，必须沉浸在相应的语境中。我国的英语教育倾向仍十分明显，很多学生学习英语是为了通过考试，教师也将通过考试作为教学的目标，这样一来，就将英语语境的创设与英语教学割裂开来，只追求语言的外在表达方式，而不深入探究其内在的文化与逻辑，从而使得学生用汉语思维去理解应用。例如，"玫瑰"（rose）这一词语在英汉文化中都象征着爱情和美好，除此之外，在中国常用"带刺的玫瑰"形容那些性格刚烈的女子，而英语中常用under the rose表示要保守秘密。英语中rose的

这一文化含义源自英国旧俗，如果在教学中不对此进行说明，学生就很难理解和掌握其含义。但实际上，很多教师只从词汇处着手，而未创设语境，这样很难让学生充分体会英语这门语言的魅力，也难以让学生更好地投入学习。对此，教师在教学中应创设符合英语文化背景的语境，从而为学生营造一个英语交流环境，培养学生的英语思维，锻炼学生的词汇运用能力。

（2）教学效果不佳

词汇的学习和掌握要借助记忆来完成，但记忆是一个漫长的过程，如果学生不能在课后及时进行复习和巩固，记住的单词往往会在短时间内忘记。在海量的词汇面前，学生常常会表现出畏惧感，由于缺乏高效的学习方式，加之教学方法单一，使得学生的学习热情不高。而且，教师也未能为学生提供应用的机会，这样学生通过死记硬背的方式记住的词汇很快就忘记，进而导致教学效果低下，学生的交际能力也受到限制。

（3）忽视跨文化意识培养

很多英语词语意义深刻，蕴含着丰富的文化信息，这些词语称为"文化负载词"。经调查，很多学生对这些文化负载词完全不了解。这说明教师在词汇教学中忽视了文化负载词部分，未有意识地运用跨文化意识来培养学生的词汇能力。具体而言，教师存在的问题体现在以下几个方面。

首先，对文化教学不够重视。这具体体现为以下几点：教师在备课环节的教学目标没有文化意识目标，教师消极地跟随应试教育的脚步，学校很少组织与英语相关的活动。

其次，教师自身的文化素养不够。大学英语教师虽然具备了扎实的英语专业知识，但英语文化素养有所欠缺。作为学生的榜样，如果教师的文化素养不高，自然也就无法提高学生的文化素养。

最后，文化教学方法不当。教师文化教学的方法比较单一，基本上是讲授法、多媒体展示法等，大部分教师只是在课堂教学中偶尔提到一些特殊词的文化背景，而很少有意识地去渗透文化知识。这种教学方式就造成学生只了解词汇的表面意义，而不理解词汇的深层文化内涵。

事实上，跨文化意识和词汇教学是相辅相成的，教师在词汇教学中融入文化知识，能够提升学生的词汇能力和跨文化意识，而词汇量的增加又能进一步帮助学生更好地理解西方文化，培养自身的跨文化意识。

2.学生层面

（1）重知识记忆，轻思维锻炼

在词汇学习过程中，很多学生仅仅依靠死记硬背来记忆单词，这种方法并未将思维的锻炼融入进去，学生也会很快忘记。实际上，每一个单词都有应用的语境，只有在具体的语境中，才能保证准确性，因此学生在对词汇加以理解时需要从具体的语境出发，这样才能增强词汇学习的效果。

而忽视英语思维的培养是在长久的汉语语境熏陶下产生的惯性思维，很多学生都习惯运用汉语的语言逻辑去理解、解释和使用英语，由于英语和汉语二者背后的文化与逻辑存在差异和冲突，因此必然会影响学生对英语的有效运用。实际上，无论是英语还是其他语言，只有深入了解语言的内在逻辑，才能做到自如运用。英语思维的培养不是仅仅记忆单词或背诵句子就能做到的，还需要学生充分理解英语语言背后的文化历史，这样才能做到真正掌握英语这门语言。

（2）语义内涵的理解程度差

我国学生是在汉语环境下学习英语的，所以在理解英语词汇的语义内涵时，会在不同程度上受到汉语文化的影响，而英汉词汇之间的语义不对等现象会给学生的词汇理解带来困难。具体而言，一方面，学生在本民族文化传统的影响下会形成思维定式，在理解英语词汇时会出现文化语义的偏差；另一方面，中西方文化观念冲突会让学生思维混乱，对英语感到束手无策。如果教师忽视词汇文化背景知识的输入，学生在理解英语词汇时就会出现偏差，甚至会在使用中产生误用问题。

（3）缺乏探究意识

一般来说，在大学阶段，学生应该主动地去学习词汇，但是在实际的英语词汇学习中，很多学生仍旧从教师那里获取，而不是自己寻找其他的获取渠道，这样的学习就是被动的学习，长此以往，词汇掌握的量也是不充足的。同时，学生不会去主动探究词汇，也无法得知词汇文化的背景知识，这样的词汇学习也会令学生逐渐缺乏兴趣和积极性。

（二）大学英语词汇教学的基本原则

1.文化性原则

语言与文化有着紧密的联系，很多词汇都与文化有关，而且词汇学习也是为学生以后的跨文化交际服务的。因此，在英语词汇教学中，教师应该在讲授词汇的过程中将词汇与文化紧密关联，词义的讲解、结构的分析也都需要将文化引入其中，让学生对语言文化背景知识有充分的理解，这样才便于学生更深刻地理解词汇，对词汇的变化规律有清晰的把握。

2.关联性原则

词汇和句子以至于全篇文章是不可分割的有机体，孤立的单词难以准确地表达思想，只有将其放在句子或语篇中，才能体现其交际功能。"词不离句，句不离文"的方法就是要求词汇教学应结合句子和语篇来进行。教学中这种方法还能避免孤立地教单词所引起的枯燥、乏味的感觉，提高学生学习词汇的兴趣和积极性。

词汇教学不止是让学生学习单词的音、形、义，其主要目的是使学生在听、说、读、写、译中对所学单词加以运用。传统的词汇教学是先孤立地教单词，再通过语法组成句子。实践证明，这种方法不利于学生真正掌握单词，也很难达到规定的词汇教学的目标。单词在句子、语篇中教，不但有助于学生在上下文中准确理解词义，更重要的是能使学生在言语活动中学习单词，从而提高学生的言语实践能力，达到教、学、用三者的统一。

3.学用结合原则

运用是学习的目的，也是学习的方法。教学中，词汇的运用分两个阶段：一是初步实践阶段，即套用阶段；二是灵活运用阶段，即带有交际性质的运用。这就是说，学习词汇的过程也是运用的过程，在运用中加深对词汇的理解，逐步深化词汇教学。同时，单词也在运用中进行识记，在运用中保持记忆，学到的单词是否已经掌握，也要在实践运用中进行检验。另外，在单词教学中让学生学有所用是激发和保持学生学习兴趣的根本手段之一。学生学到的词汇能在言语实践中加以使用，便会产生一种成就感，从而激发学生学习动机，提高词汇学习效率。

4.新潮性原则

随着科技的迅猛发展，学生的学习和生活与信息密切联系，思想也变得更为开放、更为新潮。基于此，英语词汇教学应该从学生的需求与时代的趋势出发，做到与时俱进，这样才能体现新潮性，引入一些新潮的词汇，如selfie（自拍），bestie（闺蜜）等，这些词汇具有新潮性与鲜活性，也会调动学生学习词汇的积极性。

5.循序渐进原则

任何教学都不可能是一蹴而就的，都需要坚持循序渐进的原则，英语词汇教学也是如此。具体来说，在英语词汇教学中，教师应该在坚持提升质量与数量的基础上，不断对教学内容进行拓展。也就是说，教师不能仅仅重视学生对词汇数量的掌握情况，还应该重视他们对词汇质量的把握，这样才能让学生对词汇掌握得更为牢固。

所谓逐层加深，即在英语词汇教学中，教师应该层层递进地讲述知识，因为在一堂课中，教师不可能将某个单词的每一个语义都讲述清楚，学生也不可能一次性掌握某个单词的所有语义，因此教师不能急于求成，而应该先讲述其基本语义，然后由浅入深地介绍其他的语义，并分析这些语义与基础语义的关联性，这样学生就能一步步地加深对该词汇的理解与把握。

6.回顾拓展原则

遗忘是伴随着记忆而进行的，在学生的词汇学习中，不可避免地会产生遗忘问题，如果每天不加以复习和巩固，将很难掌握词汇，对此，英语词汇教学应遵循回顾拓展原则。这一原则是指在教学中将新旧词汇结合起来，利用已经教授过的词汇来教授新的词汇，以便让学生对旧的词汇加以巩固，同时有效拓展和掌握新的词汇。

7.深化扩展原则

英语单词多为一词多义，教师不可在学生初次接触某一单词时便将其所有意思和用法都教给学生。"一天吃成胖子"的想法和做法都是不现实的。教师要根据教材和内容需要以及学生的学习需要，根据学生的接受能力，采用逐步深化和扩展词义的方法进行词汇教学。

8.情景性原则

词汇教学并不是孤立展开的。在教学过程中，词汇不应该离开句子、段落，在上下文语境中教授词汇，学生更容易理解。也就是说，教师在英语词汇教学中，应该为学生创设真实的情境，让学生进行模仿、记忆等，帮助他们熟悉单词。同时，教师也应该组织一些具体的活动，让学生将某个单词的学习运用到具体的实践中，坚持听、说、用相结合。

（三）翻转课堂模式下大学英语词汇教学的优势

1.有助于增强词汇掌握的时效性

在翻转课堂模式下，大学英语词汇教学有助于为学生创设词汇学习的环境，从而不断提升学生的词汇能力。运用网络这一集文字、图像于一体的形式，既能够鲜活地呈现词汇教学的内容，也有助于扩大学生的眼界，提升学生的词汇能力。这样词汇教学就突破了时空的限制，让学生更快地获取信息，因此在翻转课堂模式下，词汇教学使学生对词汇掌握的时效性加强，同时也缩短了教学的时间。

2.有助于提高词汇记忆的效率

就记忆的信息类型而言，人们记忆动画或者图片的能力要明显强于文字。如果从人类器官的角度而言，听觉、视觉要比单凭记忆要强，并且更强于这种仅仅靠视觉的记忆。因此，学生在学习新单词的时候，教师可以在不同的语境将新的词汇呈现出来，这样词汇在不同的语境下进行转换，让学生对词汇产生新的认知。

在翻转课堂模式下，学生可以接触各种语境，显然更利于学生记忆。这是与认知主义理论相符的，既将机械地记忆词汇转化成对词汇意义的学习，也便于学生建构词汇意义。

3.有助于扩展词汇认知的层面

在传统的词汇教学中，师生接触的词汇材料多是封闭的，仅仅局限在教材与大纲层面，对信息仅仅是被动接受。信息技术的引入可以改变传统的词汇教学认知，学生也可以通过网络获取更多信息，从而扩充自身的词汇量。

另外，从很大程度来讲，信息技术让大学生对英语文化背景知识有了更充分的了解，因此又可以增加学生的知识存储量，使学生的词汇学习更为有趣。有些词汇在不同的语境中会产生不同的意义，因此学生不仅要了解这些词汇的内涵意义，还需要对其外延意义有所认识，这样才能对词汇有准确的把握。因此，在翻转课堂模式下，学生接触到的词汇往往是比较鲜活的，这有助于加强他们对词汇意义的理解。

（四）翻转课堂模式下大学英语词汇教学的方法

1.科学安排教学顺序

在翻转课堂模式下的词汇教学中，教学顺序涉及课前教学顺序和课中教学顺序。

在课前，学生主要是吸收词汇，教学顺序可以作如下安排。

（1）呈现单元主题，告知学生学习目标。

（2）围绕单元主题创设情境，提出问题，呈现单元词汇。

（3）在完成词汇释义之后，介绍相关句型，对句型进行释义。

（4）交代词汇和句型的应用情境，给出具体事例，帮助学生领会知识。

（5）总结知识要点，帮助学生形成完整的知识框架。

在课中，教师主要是引导学生进行知识内化，因此教学顺序可以作如下安排。

（1）让学生展示自己的学习成果。

（2）对学生遇到的困难进行答疑解惑。

（3）让学生通过合作探究进行知识拓展。

（4）引导学生总结所学知识，综合评价学生的课堂表现。

2.精心设计教学程序

基于翻转课堂的词汇教学由课前自主学习、课中面对面学习以及课后学习三个阶段组成。

（1）课前自主学习阶段

在课前，教师要根据各单元的词汇教学目标来安排教学资源，包括微视频、导学案、学习自测卡和练习等不同类型的学习素材，其中的关键资源是微视频。随后，教师向学生公布每一单元的词汇学习目标，让学生通过微视频学习每一单元的核心词汇，并完成配套练习。学生在学习微视频时，可以根据自己的理解程度，自由决定观看的次数，并在需要的时候向教师和同学请教。在自主学习结束之后，学生将学习问题反馈给组长，组长综合所有问题后传达给教师，这样教师就能及时了解学生自学的情况，并在课堂上进行针对性的讲解。

（2）课中面对面学习阶段

在课中，教师主要负责组织课堂活动并引导学生交流，在学生的交流过程中进行个性化指导，完成答疑并布置作业，帮助学生完成知识的内化。本阶段可以分为以下几个程序。

①自主学习情况反馈。在课上，自主学习情况反馈的办法主要是教师对学生的学习成果进行考核，考核方法是由教师考核小组组长、组长考核成员。教师还可以对这种考核设置某种激励机制，以激发学生的学习动机。

②答疑解惑。在这个过程中，教师根据不同的教学主题，灵活地采用提问、游戏、练习等形式，帮助学生回忆所学的词汇知识重难点，并且对学生课前学习遇到的问题进行答疑解惑。

③合作探究。小组成员就某个问题或者学习任务展开讨论，教师对这一过程进行指导，以此实现小组成员对知识的延伸。

④总结评价。教师要帮助学生梳理课程的知识脉络，总结学生的课堂表现，对词汇教学进行整体评价。评价要以激励为主，注重多元化和公平性，帮助学生进行反思。

（3）课后学习阶段

在课后，学生完成教师布置的词汇练习，词汇练习可以来自课后习题，也可以来自其他渠道。教师要及时评价学生的作业情况，帮助学生更好地巩固知识。

二、翻转课堂应用于大学英语语法教学的创新路径

（一）大学英语语法教学的现状分析

1.教师层面

（1）语法教学弃而不教或边缘化

大学英语教学一直都在不断变革，教学内容随之不断改变，而随着2004年教育部《大学英语课程教学要求》的颁布，高校英语语法教学内容退出了高校英语教材，英语语法教学也从某些高校英语教学中退出，最终导致大学英语语法弃而不教或边缘化。这具体体现在两个方面，首先教材中没有了语法内容，教师便失去了教授语法的依据和大纲，学生也将无法系统地获取语法知识；其次课时安排不合理，大学英语教学中多是精读课与泛读课，没有相应的语法课，即使教师讲解语法知识，也是零星的和碎片化的。实际上，语法对于英语语言的学习是至关重要的，语法贯穿于英语学习的始终，对英语综合能力的提升起着重要作用，所

以教师不应忽视语法教学，而应积极开展语法教学，丰富学生的语法知识，提高学生的语法能力，为学生的英语综合应用能力打好基础。

（2）教学方式单一

英语语法知识繁多，学习起来十分枯燥，因此很多学生都对语法学习缺乏兴趣。想要改善这种现状，就需要教师创新教学方法，提升语法教学的乐趣，激发学生学习的积极性。但是，当前的大学英语语法教学并不乐观，教师依旧占据课堂的主体，采用陈旧的方式展开教学，这样学生处于被动的学习，不仅与教育理念不符，也不利于学生的学习，很难发挥学生的主观能动性。

2.学生层面

（1）语法意识薄弱

大学生在中学阶段已经进行了很长时间的语法学习，普遍感到枯燥乏味，因此他们认为到了大学阶段就没有必要重点学习语法了。实际上，即使到大学阶段，语法依然是英语学习的重要内容，因为不掌握丰富和准确的语法，是不可能准确、流利地进行交际的。

（2）缺乏有效的学习方法

大多数学生的语法学习效率非常低，其中一部分学生是因为学习方法不正确，从而使得语法知识的掌握较为松散，不能成为一个系统。在语法学习中，学生往往比较被动，通常是遇到新的问题之后才会回去学习语法知识，而当他们学习完一篇文章之后，又把语法学习置之脑后，这样的学习是很难提升学生的语法能力的。

（二）大学英语语法教学的基本原则

1.实践性原则

传统的英语语法教学只重视知识传授，不重视技能培养，忽视语法的交际功能。因此，教师要明确英语语法教学是培养学生语言实践能力的桥梁，其目的是更好地培养学生听、说、读、写、译的语言实践能力，进而达到用英语进行交际。因此，语法教学必须突出其实践性原则。

2.文化性原则

语法作为语言的内部规律，与文化有着密切的联系，即蕴含和反映着丰富的文化信息。对此，在英语语法教学中，教师应重视文化因素对学生语法学习的影响，并有意识地进行文化教学，创设英语语言环境，从而丰富学生的文化知识，切实提高学生的语法能力和语言交际能力。

3.针对性原则

语法教学要有针对性，主要是针对难点和重点，采取相应的教学方法，即要对语法项目区别对待。一方面是根据实际需要选择语法教学内容，确定语法重点；另一方面，还需研究教学的双边活动，并通过英汉语法对比，分析学生不同学习阶段语法学习的困难，然后采用针对性的办法攻克难关。

语法分析也要有针对性。语法分析的目的是帮助理解。如果学生已经理解，自然就没有必要去作具体分析了。对于语法结构较为复杂的句子，教师可采用先简化、后扩展的方法，即先利用简单的句子进行练、讲，然后再将句子扩展到原来的样子。

4.交际性原则

在英语语法教学中，教师应遵循交际性原则，即恰当地运用多媒体设计课堂教学，创设合理的语言交际环境，使语言交际环境符合实际环境，从而帮助学生更好地掌握语法知识，提升交际能力。提高学生成绩并不是语法教学的最终目的，语法知识的使用才是语法教学的本质，所以语法教学应结合实际生活，培养学生的语法思维，提升学生的听、说、读、写、译能力，提高学生的语言交际能力。

5.综合性原则

英语语法教学要求采用恰当的教学手段进行综合性教学，具体而言包含如下几点。

第一，将归纳与演绎两种教学法相结合。因为这两种教学方法各有各的特色，教师在英语语法教学中，将二者结合起来才能够有效提升英语语法教学的质量。

第二，将隐性与显性两种教学法相结合。在英语语法教学中，隐性教学法要求避免对所学的语法规则进行直接的谈论，而是通过运用情境，让学生对语言加以体验，在语言的交际运用中，对语法规则进行归纳。相对而言，显性教学法要求在语法教学中对所学的语法规则进行直接的谈论，也直接显现语法教学的目的。从学生的心理、生理特点出发，教师应该避免反复地机械讲解与记忆，而应该让学生在语境中进行感知，让他们不断熟悉语法项目，同时要为学生创设一些有趣的情境，让学生不断模仿与巩固。最后，在学生理解了语法项目并会运用的基础上，教师对语法规则加以归纳。也就是说，英语语法教学应该以隐性教学为主要教学方式，并辅以显性教学，这样才能激发学生的语法学习兴趣，帮助学生增强自身的语法意识。

第三，将语法教学置于听、说、读、写、译教学之中。学生的这五项技能都与语法有着紧密的关系，语法教学也是为这些技能的教学服务的，因此在英语语法教学中，教师应该将其与五项技能的教学结合起来，这样才能使语法真正为交际服务。

6.精讲多练原则

这主要针对需积极掌握的语法项目而言。精讲多练已是大家所熟悉的教学原则。在语法教学中，"练"是重点，讲是为更好地"练"开路。讲与练常常又是相互结合的，即讲中有练、练中有讲。初学阶段，语法课应为实践课，也就是说可以以练代讲，讲与练还有各自的不同要求。

精讲不但要讲得少，讲得准确，击中要害，还要引导练习，为练习搭桥、铺路。用归纳法讲，要讲得概括，能对所有例证加以抽象化，使学生"一旦豁然贯通"就能够轻易地记住；用演绎法讲，要讲得典型，讲到所学项目的核心，使学生便于在练习中进行扩展、生成。

言语活动操练是语法训练的总框架。言语活动操练主要是利用言语材料进行言语实践活动。操练既要保持言语活动的特色，又要侧重练习所学的语法规则。因此，它有四点要求。

（1）表达语言的功能，或操练交际化，即传递一定的信息。

（2）情景化，即操练伴随着一定的情景或表达一定的情景。

（3）社会化，主要指操练不仅是师生双向操练，还应尽可能在学生中进行，如可以利用pair work，group work，role play等形式。

（4）综合操练为主，单项操练为辅。

为了识别语法形式或功能，单项练习是必须的，但单项练习只能作为引子，绝不能只靠单项操练学会语法，因为单项操练往往割裂了言语活动。

（三）翻转课堂模式下大学英语语法教学的优势

1.提高语言应用能力

在传统语法课堂教学中，教师更注重语法知识的讲解、规则的记忆和句型的反复练习，课后再布置大量的习题进行巩固，而缺少对学生语言应用能力的培养，因此学生并不会真正地运用语言。如果学生无法准确无误地运用所学的语法知识，那么他们在写作时就会出现各种或大或小的错误，如主谓语不一致或者时态混乱等。但是，实施翻转课堂后，学生在课前自学的语法知识可以在课中得到运用，因此语法知识被内化，使得语法知识真正变为学生的语言运用工具。

2.增强自主学习能力

在课前，学生通过观看教学微视频独立完成语法知识的学习。在课中，学习小组在教师的指导下通过合作探究的方式完成相关语法知识的学习任务。在这个过程中，学生要灵活运用课前所学的语法知识，充分发挥自身的自主学习能力。可见，无论是在课前还是课中，学生所有的学习活动都体现了自身的学习状态和学习愿望。可以说，翻转课堂满足了学生的个性化学习需求，能够充分体现出学生的主体地位，是学生增强自主学习能力的良好契机。

3.有助于师生互动

传统的英语语法教学模式是"教师讲、学生听"，课堂沉闷、呆板。但是，在翻转课堂模式下的语法教学课堂中，教师根据学生的实际学习情况组织学生开展小组学习，小组进行的合作探究等综合实践学习活动为教师和学生之间的交流创造了良好的平台。学生通过讨论可以解决自身在课前学习中遇到的问题，然后教师通过学生的反馈收集现存问题，并据此调整教学安排。可见，翻转课堂气氛活跃，有利于师生开展讨论交流。

（四）翻转课堂模式下大学英语语法教学的方法

翻转课堂是随着信息技术的发展而产生的一种新型教学模式，将该教学模式运用于大学英语语法教学，可有效调动学生学习语法的兴趣，提高学生的自主学习能力和独立思考能力，进而培养学生的语法能力。翻转课堂这种教学模式不再以教师为中心，而是以学生为中心，教师只是起到辅助作用，学生是教学环节的重点，师生之间处于相互互动的状态。翻转课堂语法教学模式流程如图4-1所示。

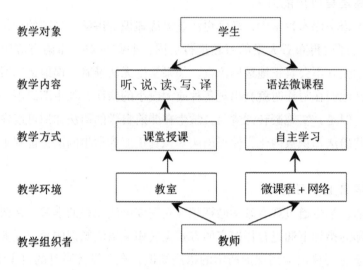

图4-1　翻转课堂语法教学模式的流程

1.提升微课制作水平，借鉴网络教育资源

相较于传统的语法教学模式，翻转课堂最大的特点在于以视频微课代替了"黑板+粉笔"的教学方式。但对于已经习惯了传统教学模式的英语教师来说，很难在短时间内适应视频微课这种形式，因此教师首先要熟练掌握视频微课的制作技术，灵活运用各种制作软件；其次要重视视频微课内容的整合与加工，在内容选择上要围绕课本语法知识，并借鉴网络上优质的教育资源制作短小精悍、内容丰富的数字化课程。

2.拓宽师生互动渠道，确保语法教学效果

制作视频微课是翻转课堂语法教学的前提，后期的检查、实施和监督是更加重要的部分，因此师生之间应保持多维互动。首先，教师要指导学生观看视频微课，并对学生的学习内容和学习时间进行规划，把握学生学习的进度；其次，教师要利用社交软件建立QQ群和微信群等，加强与学生线上线下的互动，对学生在自主学习中遇到的问题进行解答，促进师生和生生之间的讨论，实现英语语法知识的消化和吸收。

3.关注语法难点，提升教师答疑解惑的能力

基于翻转课堂，教师将制作好的视频微课上传到网络平台，学生自行下载，并在固定时间内完成自主学习，而对于遇到的语法知识难点，除了课堂学习小组讨论外，更多应由教师在课堂上统一解答或个别辅导。对此，英语教师应不断充实自身的语法知识储备，提升自己的语法能力，从而更好地解答学生的疑难问题。

4.开展差异化教学辅导，促进学生自主学习

在翻转课堂教学模式下，教师要更新教学理念，改变传统的教学模式，主动参与和融入学生学习的各个环节，成为学生学习的指导者和监督者。由于不同学生之间存在巨大的差异，有着不同的基础水平和认知结构，因此教师需要采用不同的辅导方式来对不同层次的学生加以辅导，特别是对那些自律性不强的学生，更要采取有效方式来加以辅导，促进他们进行自主学习。

5.重视教学评价，建立激励机制

翻转课堂语法教学重在学生的自主学习，为了掌握学生自主学习的频率以及参与程度，确保翻转课堂教学的效果，对学生进行考核评价就显得十分必要。这种考核要贯穿于课堂教学的全过程，并且评价形式要多样化，包括学生自我评价、小组评价、教师评价等多种考核评价形式。这种全方位的考核评价机制有利于教师掌握学生对语法教学的参与度和配合度，便于教师了解学生对语法知识的掌握程度，而且对学生有着正向的激励作用。

第二节　翻转课堂应用于大学英语听说与读写教学的创新路径

一、翻转课堂应用于大学英语听力教学的创新路径

（一）大学英语听力教学的现状分析

尽管大学英语教学深受重视，而且随着教学改革的深入有所发展，但是在教学中学生"听不懂，说不出"的问题依然存在。因此，有必要对大学英语听力教学中存在的问题进行分析，以便有针对性地解决这些问题，促进大学英语听力教学的发展。

1.教师层面
（1）课程设置处于弱势地位

在整个大学英语课程设置中，听力教学处于弱势地位，受关注的程度并不高。在多数院校中，大学英语的周学时为4小节，但教师常常将教学中心放在精读课上，部分院校甚至将听力课与口语课相融合，变成听说课，从而稀释了听力课的学时，这使得听力教学课时难以保障，学生听力能力的培养也难以保障。

（2）教学目标有所偏离

大学英语教学中设置了大学英语四、六级考试，这本是为了激发学生的学习兴趣、培养学生的英语能力而设置的，但有些教师将通过考试作为教学的指向标，从而忽略了对学生听力能力和跨文化交际能力的培养。基于这样的目标，在时间有限的课堂中，教师常会将听力教学变为题海战术，这样不仅使学生感到枯燥乏味，而且很难真正提高学生的听力水平。

（3）教学模式僵化

受课程设置不合理、教学目标偏离、受重视程度不高等因素的影响，现在的大学英语听力教学存在教学模式僵化的问题。很多教师将主要精力放在教学任务的完成上，忽视对教材的整体把握，缺乏对学生的有效指导，甚至目标不明确，只是机械地、一遍遍地播放录音，学生只能被动、盲目地听，这使得听力教学拘泥于"听听录音，对对答案，教师解释"的单一模式。在这种教学模式下，不仅课堂氛围沉闷，而且学生的学习积极性不高，学生的听力能力更是难以得到锻炼。

2.学生层面

（1）基础知识积累不足

现在，尽管听力教学受到了学生的重视，但是很多学生的听力水平不高，这很大程度上源于学生基础知识积累不足。一方面，学生缺乏必要的语音知识，对音节、连读等掌握不牢固，加之词汇量积累有限、欠缺语法知识等，这些都会对学生的听力理解造成影响。另一方面，学生缺乏良好的英语学习环境，因此学生很难对英语音调、韵律等具有敏感性。由于基础知识积累不足，学生的听力能力将很难得到提高。

（2）对听力缺乏兴趣

由于教学方式的单一性和听力本身的复杂性，很多学生对听力学习缺乏兴趣，甚至从心理上对听力产生抵触情绪。这种抵触情绪会进一步降低学生参与听力活动的积极性，甚至是应付听力学习，使得听力学习收效甚微。

（3）学习形式单一

受传统教学模式的影响，学生在学习英语听力时，十分依赖教师的教学、学校规划和课程安排，进而导致自主学习听力的能力较弱，在英语听力上得不到成就感，学习兴趣降低，最终导致整体学习效果不佳。此外，学生跟随教师的课堂讲解，不利于学生建立个性化的英语知识框架和体系，不利于学生自主学习能力的提升。

（4）缺乏英语文化知识

语言与文化密切相关，很多听力材料中都渗透着文化知识。很多学生无法准确理解听力内容，部分原因就在于缺乏必要的文化背景知识。对此，学生在听力学习中不仅要学习听力技能，还要学习文化知识，了解英语国家的历史文化、思维方式等，掌握中西方文化间的差异，这样才能为听力学习扫清障碍，提高听力水平。

（5）缺乏英语听力环境

我国学生是在汉语环境下学习英语听力的，而且主要通过教材和课堂来学习英语听力，学生在课本上学到的英语都是规范英语，教师在教学中为了便于学生理解，常会放慢语速，从而使得语流失去了正常的节奏。但在英美国家，人们在实际交际过程中使用的语言具有很强的口语化特征，常使用口语化表达。而在课堂教学中，这种口语化的语言很少出现，学生接触不到地道的英语表达，也就很难切实提高英语听力能力。

（6）不善于利用课余时间

课堂教学的时间是有限的，因此对课堂教学起着补充作用的课余时间的利用率直接影响着学生的听力水平。但是在实际学习中，学生并没有充分利用课余时间。很多学生没有制订自己的学习计划，只是依靠课堂教学，但课堂教学是面向全体学生的，是针对学生的平均水平制订的，并不能满足学生的个性化需求。如果学生能制订适合自己的学习计划，并充分利用课余的零散时间，将英语听力学习与日常生活相结合，对提高英语听力水平将起到事半功倍的作用。

（二）大学英语听力教学的基本原则

1.兴趣性原则

听力能力的提高需要一个过程，不能一蹴而就，而且需要不断地练习和努力，很多学生由于自己听力能力不佳，加上进步缓慢，因此对听力缺乏兴趣。可见，兴趣对于英语听力学习至关重要，对此，教师在开展英语听力教学时要有意识地激发学生的兴趣，也就是遵循激发兴趣原则。具体而言，教师在进行听力教学之前，首先要充分了解学生的兴趣所在，即了解学生对哪些听力活动和听力内容感兴趣，然后以此为依据来调整教学内容和教学方法，进而激发学生的听力兴趣，调动学生的积极性，提高学生的听力水平。

2.情境性原则

听力是交际的重要方式，学生只有在自然、真实的环境中，才能与环境产生相应的互动，获得真实的语言体验。很多教师往往都有这样的感受，即教师竭尽全力鼓励学生参与课堂活动，但学生依然对听力学习缺乏积极性，课堂教学沉闷。实际上，良好的课堂氛围需要师生共同营造，教师应该与学生积极沟通，充分发挥自己的主导作用和学生的主体作用，营造活跃、自然、民主的课堂环境，创建英语语言情境，进而培养学生的听力能力。

3.情感化原则

在教学中，教师除了要注重学生学习外，还要重视学生的情感体验，这是心理语言学的要求。具体而言，教师要为学生创造一个轻松、愉快的课堂环境。例如，教师在听力教学的过程中可以穿插一些幽默小故事、笑话、英文小诗或英文歌曲等，也可以根据实际情况改变听的形式或更换听的内容等，努力消除学生因焦虑、害怕等产生的心理障碍，创造和谐的学习氛围，使学生获得良好的学习体验，进而提升学生的听力水平。

4.多样性原则

学生的听力培养途径主要是在课堂上听教师进行讲解，因此在听力教学中，教师可以控制自己的语速，从简单到复杂地进行讲解，并且鼓励学生勇于表达自己的观点，这样有助于学生积极参与其中。

另外，教师应该考虑不同的教学目标，选择多样化的教学模式。例如，如果教师是为了让学生区分语音，那么教师可以为学生提供一些发音相似的单词，让学生多听，进而区分这些语音。如果教师是为了让学生对主旨大意进行归纳，那么可以考虑让学生用母语作答，然后再翻译一下，这样可以降低学生学习的难度。

5.综合性原则

英语包含听、说、读、写、译五项技能，这几项技能之间并不是相互独立的，而是密切联系、相互促进的。所以，教师要想切实提高听力水平，就要重视听力与其他技能之间的关系，将输入技能训练和输出技能训练相结合，培养学生的综合英语能力。

6.文化背景融入原则

语言与文化密切相关，很多英语词汇、短语、句子等都蕴含着丰富的文化信息，如果不了解语言背后的文化信息，将很难理解其内在含义，更无法有效进行交流。可以说，很多听力材料背后都蕴含一定的文化知识，学生如果没有掌握必要的文化背景知识，即使听懂了个别甚至全部语句，也不一定能完全理解材料所隐含的深层文化含义，进而影响对材料的准确理解。因此，在英语听力教学中，教师必须强化学生对各国文化背景知识的掌握，提高学生对文化知识的敏感度。

（三）翻转课堂模式下的大学英语听力教学的优势

1.体现"以人为本"的教学理念

在大学英语听力教学中，教育技术的运用可以将"以人为本"的理念体现得淋漓尽致。例如，在翻转课堂教学中，教学内容不再仅仅依靠单一的教材，教师采用多种技术，从学生的需求出发对教学内容进行选择，选择那些学生容易理解但是又稍高于自身水平的语言输入，学生通过不断学习与内化，转化成自身的语言能力，进而不断提升自身的听力水平。

2.突破时空限制，改变传统听力教学模式

翻转课堂体现的是一种随时随地的技术，学生可以从自身需要出发，随时随地进行学习，对自己的听力学习进度、学习内容加以掌控。听力课件以图表形式或文本形式呈现，这从视觉层面来说，可以让学生感到更舒服，也营造出一种真实的语言氛围，对传统的教师与学生的单向传导加以改变，转化为教师与学生、媒体之间的交互传导。基于教育信息化的背景，教师再也不是知识灌输者，而变成了教学的辅助者、启发者。

3.提高学生的综合能力

以英语听力为代表的英语专业技能类课程不再仅限于培养学生的语言技能和专业知识，而应更加重视学生的思辨能力、实践能力、自主学习能力等语言外专业素养的提高。通过采用"翻转课堂"的教学模式，听力课程从以往"填鸭式"的教学方式转变为课前学生自主学习、课上教师精讲和生生互动、课下学生巩固提高的新型教学模式，实现了全程教学、全员参与，有助于学生专业能力和综合素养的同步提高。

4.激发学生学习的积极性

翻转课堂应用在大学英语听力教学中，能够有效地解决传统听力课程教学的枯燥和乏味，最大限度地激发学生的参与性和积极性。翻转课堂允许学生在任何时间和地点进行学习，这就使学生能够自主选择学习的时间，能够根据自己的情

况在最想学习的时间进行知识的学习和问题的讨论，能够有效保证学习效率的提高。通过网络学习平台，学生还能从教师提供的听力材料中选择自己感兴趣的材料进行重点学习，如可以选择自己喜欢的电影主题曲或动画片插曲进行学习，这能让学生保持对听力课程的学习兴趣。

5.翻转课堂下语言输入数量具有累积性

克拉申语言输入理论的一个要点就是语言输入要有足够的量。听力课堂中一定要输入足够的内容，英语听力的学习是一个不断积累、积少成多、由量变转为质变的过程。传统听力教学模式是教师在听力课堂上输入知识，不断播放听力资料，学生通过课上认真听并且课下做作业的方式吸收课堂内容，但是在有限的课堂时间里，要无限拓展实训内容是不可能的。

翻转课堂则彻底打破了这种灌输式的课堂。课前，学生可以在任何地点和时间学习自主学习平台的内容，自由选择听力的内容，课上可以和教师面对面交流学习过程中发现的问题，最后在教师的指导下对信息进行理解、消化。

（四）翻转课堂模式下的大学英语听力教学的方法

1.充分利用TED资源

TED（Technology，Entertainment，Design）是美国的一家机构，宗旨在于用思想对世界加以改变。TED演讲的领域从最开始的娱乐领域、技术领域等逐渐向各个行业的领域拓展。每年的3月份，TED大会都会在美国召开，其中参加的人物涉及商业、科学、文学、教育等多个层面，他们将对这些领域的意见和建议进行分享和探讨。TED官网的思想性、可及性为混合教学提供了具体的借鉴。

第一，为英语听力技能混合式教学提供了大量真实的语料，这与传统的音频存在较大差异。传统教学中学生上课接触的语料大多以本族语为母语的优秀英语人才录制而成的，虽然也是保证了语音的纯正性，但是改变了交际的真实性。

第二，演讲的主题涉及各个领域，这与语言学习是一部百科全书的观点有着相似性，因此就有助于英语听力教学。

第三，演讲者都是各个领域的杰出人物，传达的思想具有前沿性，这有助于提升学生的思辨能力。

第四，TED官网上发布的视频多控制在15分钟之内，是较短的视频，最长的也不超过20分钟，这与当前的慕课、微课教学模式相符，也符合英语听力技能的混合式教学理念。

第五，TED演讲者来自世界各地，各种真实的情境可以让学生感受到演讲者手势、眼神、语速、重音等的运用。

第六，TED官网的视频虽然没有字幕提示，但是在下面会设置独立的互动文稿，并将演讲者的话语显示出来。这便于学生对听的方式进行选择，可以是纯视频的形式，也可以是视频+字幕的形式，或者是先观看视频，之后看字幕。

第七，TED官网的可及性可以让学生选择听的时间、听的内容等，学生制订符合自己学习情况的目标，对内容加以选择、对进度加以控制，实行自控式学习。

TED视频最大的特点在于提供真实的情境，这种真实的情境保证了语言形式、思维以及科技的融合。

2.加入多样化的课下学习工具

（1）英语歌曲欣赏

在学习以外的闲暇时间，学生可以欣赏一些英语歌曲，这样可以使自己身心放松，并营造英语学习的氛围。另外，英语歌曲还可以帮助学生学习一些地道的表达方式和一些发音的技巧等，有效激发他们学习的积极性。

平时，教师可以引导学生多听一些具有当地文化特色的英语歌曲，也可以选择一些有意义的歌曲，然后让学生了解歌词的内容，再通过听写、填空等方式为学生出题，让学生能够真正地听懂。

（2）英语竞赛视频

在平台上，还会有一些竞赛演讲的视频，学生可以通过这些视频感受其中的语音语调，感受优秀演讲者们是如何进行演讲和应变的，这样学生不仅可以提高自身的听力，还会掌握一些演讲的技巧。多听一些竞赛的视频，从不同的角度来看待问题，这样可以不断提升学生的听力和理解能力。

（3）访谈视频

学生本身会被一些名人、明星吸引，对于他们的相关视频，学生会带着好奇心去听、去看，这样对于提升学生的听力水平是非常有利的。一般访谈的内容包含多个层面，或者是为了沟通情感，或者是为了讲述生活中的一些有意义的事情，或者是介绍自己的一些经历等，这些内容都容易引起学生的共鸣，同时还能够从名人或明星的表情、语速中，学到一些听力技巧以及随机应变的能力等。

3.建立多元化考核机制

在评价体系上，英语听力教学要求以学生的专业能力、综合素养等作为教学目标，提倡学生展开自主学习与协作学习，这就要求在评价中必须打破传统的评价方式（即仅采用终结性评价，以教师考核为主）。英语听力教学要求采用多元评价考核机制，即教师考评、学生自评、同学互评等相结合，实行终结性评价与形成性评价相融合，使学生从被评对象变成主人，而教师从单一的评价者变成评价的组织者。

4.合理设计听力翻转课堂

在课程开始之前，教师需要布置好音频与视频材料，学生自行听这些材料。在课程开始后，教师主要负责引导，不是对材料进行详细的讲解，然后给学生对答案，而是将更多的时间花费在为学生讲解听力技能和介绍相关的背景知识上。课堂形式的展开方式也可以有很多种，可以是表演形式，也可以是讨论形式等。

教师除了应用教材外，还可以自己录制或者应用他人录制好的音频或者视频，在录制时，设置相应的生词、短语以及句型，并添加一些背景知识，这些对于教师来说不仅可以节省时间，还可以提升学生的学习质量和效率。

教学如果总是围绕书本内容展开，学生接触的英语材料是非常有限的，如果他们的语言输入不足，那么必然会对他们的语言输出产生影响，长期这样下去，学生对英语学习就失去了兴趣和积极性。另外，随着网络的发展，网络上有着丰富的教学资源，这些资源对于学生的英语学习也是非常有利的。英语听力与其他科目一样都需要大量练习，因此教师可以通过网络平台，为学生搜集相关的音频或者视频资料，让他们展开练习。

教师可以对这些网络资源进行整合，为翻转课堂所用。例如，课堂教师可以从TED网站上选择一些音频或者视频作为学习任务布置给学生，让学生有充足的时间进行观看。还可以根据学生的自身水平布置难度不同的学习任务，如果学生的水平处于初级，那么要求他们听懂大意即可；如果学生的水平较高，可以让学生去查找一些相关背景，让他们弄懂整篇文章，这样在课堂上他们可以相互讨论，使学生成为学习的主体。

二、翻转课堂应用于大学英语口语教学的创新路径

（一）大学英语口语教学的现状分析

口语作为一项重要的英语技能，具有显著的实践性特征。对于现代的大学生来说，口语是他们培养交际能力的重要途径。但是目前来看，我国大学英语口语教学的现状并不佳，口语障碍和口语教学中的问题普遍存在。对这些问题进行深入分析，能有针对性地解决这些问题，进而改善大学英语口语教学的现状，消除学生的口语障碍，提高学生的口语表达能力。具体而言，大学英语口语教学中的问题体现在以下几个方面。

1.教师层面

（1）教学模式缺乏创新

相较于其他英语技能教学，口语教学的实践性更强，需要通过交流和沟通来实现教学目的。这就需要教师根据教学目的创新教学模式，培养学生的口语实践能力。但是就目前的大学英语口语教学来看，教师依然采用传统的教学模式，即先讲解、后练习、再运用。这种教学模式虽然符合教学规律，却制约了学生的学习积极性。在这种教学模式下，学生只能被动地接受知识，机械地进行练习，而没有独立思考和自主学习的空间。现在的学生都习惯接受新鲜事物，根本无法适应单调且缺乏创新的教学模式，这种枯燥的教学模式只会影响学生构建语言的创造力，也会将学生的学习热情消磨殆尽。

（2）课堂缺乏互动

在大学英语口语教学中，师生和生生之间的交流和互动是教学的重要内容，也是口语教学的核心，对培养学生口语表达能力、实现教学计划起着关键作用。但是在现在的大学英语口语教学中，教师依然在课堂教学中处于中心地位，教师占据着绝对的主导权，课堂教学缺乏互动与合作，学生没有开口说的积极性，自主能力得不到培养，最终口语教学陷入僵局。

（3）忽视口语实践训练

尽管当前英语口语教学受到了教师的重视，教师也尝试采取相应的口语训练措施来提升学生的口语能力。但是，教师对学生的口语训练仅局限于课堂教学，而忽视了学生课后的口语强化训练，最终导致学生的口语训练效果不佳。

2.学生层面

（1）思路不明确

思路不明确是学生口语学习过程中常遇到的一个问题。在英语口语练习过程中，学生会存储一定量的信息，并组织信息进行表达。但在实际表达过程中，学生的思维常会受到限制，尤其是遇到一些生词的时候，就会无法判断要说的词汇和内容，在预计时间内不能有效找到合适的句式来表达自己的思想。所以，思路不明确也会影响学生的口语技能。

（2）口语练习途径单一

现在学生练习口语的途径依然十分单一，学生通常是在课堂上按部就班地学习英语口语，或者是找外教练习口语，这对学生口语水平的提高效果并不十分显著。实际上，随着社会的发展和知识的更新，大量的口语App诞生并广泛运用，各大高校也建立了自己的英语自主学习平台，这为学生的口语锻炼创造了条件。学生可以充分利用这些资源来练习口语能力，而不必拘泥于传统的学习方式。

（二）大学英语口语教学的基本原则

1.目的性原则

所谓目的性原则，是指明确口语教学的最终目的。在口语学习过程中，学生对于自己语言中是否存在语法错误非常在意，也刻意追求发音是否标准。事实上，很多时候英语口语教学与沟通并不拘泥于形式，因为在口语交流中语法错误是不可避免的情况，即便是本国人进行交流，也会存在语法错误。因此，学生在学习中不能仅仅为了纠错而纠错，而更应该追求流利性，只要能够流利地将自己的意思表达出来，就说明这是一个成功的交流。因此，大学英语口语教学应明确目的性原则，在教学中应认真倾听学生的交谈，不要因为某个错误而打断学生讲话，中断学生思路。教师可以在学生交流结束后，在肯定鼓励的基础上，针对交流中存在的一些细节问题加以指导，这样才能激发学生大胆说英语的积极性，也能引导学生在日常生活中学会自我纠正。

2.互动性原则

在口语练习中，机械地重复教师要求说的句型可能比较枯燥，学生很容易丧失学习的积极性，甚至将口语学习抛之脑后。因此，在大学英语口语教学中，教师应该把握互动性原则，不能仅仅在课堂上传输知识，而应该与学生进行互动，明确学生练习的进度与效果。

另外，为了保证口语练习的互动性，教师为学生设计的话题应该能够使他们进行有效的互动。

3.实用性原则

口语教学的目的在于帮助学生展开交际，在于让学生将自己想要表达的信息传达出去，因此口语教学的最终目的是让学生展开交流，而并不仅仅是书面传递。无论语言多么漂亮，如果学生不能在合适的场合发挥出来，就会很难实现交际目的。

语言与文化有着紧密的联系，在日常交际过程中，学生应该对自己的语言习惯加以培养，而不是简单地对内容加以练习。语法上的某些错误并不会影响交流，但是语言使用规则上的问题应该多加注意。这就是说，大学英语口语教学应该展开文化教学，帮助学生渗透一些文化知识，这样学生在表达时就会明白什么场合说什么话。

4.循序渐进原则

教师要想提升学生的口语能力，并不能急于求成，而应该坚持循序渐进的原则。因此，在大学英语口语教学中，教师应该从简单到复杂地展开，并引导学生将学到的理论运用到口语实践中，这样才能提升学生的口语水平。

当前，我国的大学生来自全国各地，学生的水平也参差不齐，很多学生的发音还受到了方言的影响，因此教师在口语教学中应该帮助学生解决这些问题，纠正他们的发音问题，从语音语调这些基础层面进行训练。

另外，教师在安排口语教学时，如果把教学目标定得过高，学生会感到学习口语的压力，很难坚持下去；如果教师把教学目标定得太低，当学生达到了某一水平，就会沾沾自喜，也很难体会到挑战的乐趣。这就要求教师在制订教学计划时，应该把握适度原则。

5.科学纠错原则

学生口语能力的锻炼需要学生不断说，而学生在说的过程中难免会出现各种问题，有些教师不注意纠错的方式，一旦发现学生表达有误，就长篇大论进行纠错，这样不仅会打断学生的思路，还会挫伤学生的自信心，更会使学生失去说的勇气。对此，教师应遵循科学纠错原则，即对学生表达过程中出现的问题加以区别对待，根据学生的性格和所处的场合分别处理。这样能避免影响学生的积极性，也能使学生认识到自己的错误并自行加以改正。

6.内外兼顾原则

口语能力的提升需要大量地练习，但口语课堂教学时间是有限的，学生的口语表达能力很难在有限的课堂时间内得到高质量锻炼和提升，还需要充分利用课外时间。对此，学生在开展口语学习时，应遵循内外兼顾原则，即将课堂教学与课外活动相结合，全面提高自身的口语能力。在课堂教学练习的基础上，学生开展相应的课外活动，可以将课堂上所学习的知识在课外活动中进行充分实践，从而达到复习、巩固知识的目的。

（三）翻转课堂模式下大学英语口语教学的优势

1.提供宽松的口语环境

从语言交际理论来说，口语属于一种交际活动，口语教学的目的是不断提升学生的口语运用能力，但是仅靠口语者的自身能力是远远不够的。在翻转课堂模式下，学生进行实时或者非实时的口语交流，这样学生口语交际的环境就不断扩大，他们也拥有了更多训练口语的机会，通过沟通，学生会不断地发现问题，并积极展开讨论，从而对自己的口语能力进行改善。

2.提供丰富的口语教学资源

当今社会，网络学习资源非常丰富，通过网络，学生可以接触更多、更丰富与自己联系更为密切的资料，这些资料为教师的教授、学生的学习提供了更大的便利。

3.实现学习时间和空间的延伸

传统的英语口语教学课堂时间有限，往往会让教师无力调动学生用英语交流讨论的积极性，很多教师刚刚教授过的语言知识在学生头脑中还处于支离破碎的状态，没有很好地被吸收内化。学生想用英语表达但苦于课时太短，语言输入的环节没有得到强化，还不能完全正确输出，或者还没有机会输出就下课了。

在翻转课堂上，教师讲授时间减少，留给学生更多的活动时间和互动时间，教师只进行本课重难点的讲解，节约了大量课堂时间，使得每名学生都能得到练习机会，上课时能更好地完成课堂教学任务。翻转课堂上，教学容量大、节奏加快，效率更高，与传统教学方式相比，实现了学习时间和空间上的延伸。

4.可以在一定程度上弥补口语教学质量的巨大分化

在基础教育阶段，不同地域教育资源的不均衡导致中国学生英语口语基础和教学质量的不均衡。进入高等教育阶段，大学生口语学习的动机、学习自主性呈现出更为明显的差异。不同地域、不同院校或专业、不同班级的口语教师师资结构和口语教师教学水平也是千差万别。即便是在同一所院校，英语口语教学质量和教师职称、科研能力也没有呈现必然的正比关系。这些因素都加剧了大学英语口语教学质量的巨大分化。

在我国高等教育强调"实践育人"和教育创新的内涵式发展阶段，以教育信息化提升教育公平和质量、让优质教育资源共享、满足学生个性化学习需求，已成为教育改革的必然趋势。"翻转课堂"的在线微视频让不同基础的学生在课前阶段就可以"做主"：学生可根据自身水平调整观看微视频和课件的进度；学生通过课前练习可自评对课程的理解程度并发现疑难点，在课前就能和教师、同学就自己感兴趣或需要解决的问题进行在线讨论。

（四）翻转课堂模式下大学英语口语教学的方法

为将翻转课堂模式实践于大学英语口语课，设计了英语口语课翻转课堂教学模型，现简要介绍如下。

1.课前任务

（1）教师任务。教师集体备课制作导学案，明确本次课的教学内容、教学目标、重难点、练习方法等，然后由教师录制或设计微视频。

（2）学生任务。学生在课前登录在线平台，浏览导学案、观看教学微视频，自主控制进度，也可暂停视频去记录语言点或疑难点；接着点击课前练习题，就其中的话题（练习题上话题将在课堂上展示）进行自主口头练习并录制音频。

（3）在线交流。学生在完成自主练习后可上传音频到在线平台，同时可下载同学的练习音频以借鉴。

2.探究解决办法

教师组织学生以小组的形式开展口语练习活动。学生可根据课前自学和练习交流各自的观点。在此过程中，教师巡视各组，保证每名学生都在参与探究活动，并提供必要的指导或进行个别答疑。

3.成果展示

教师组织学生就课前练习的话题开展形式多样的课堂展示活动，如问答、演讲、看图说话、复述故事、二人情景对话、分组讨论、多人角色扮演等，保持话题的新鲜感，并提高学生参与的欲望。

4.巩固或拓展

在课上，教师应设置有差别的巩固性练习，并让学生自主选择题目。基础较差的学生可选择基础型习题，解决"温饱问题"，水平较高的学生则可选择拓展性练习，向"小康"奋斗。

5.评价与反馈

在一个小组完成展示后，学生自评表现，然后由教师点评。教师应充分肯定学生的表现，客观分析该组表现的优缺点，提出精练的、更专业的改进意见。评价和反馈也不是单线发生于某个环节之后，而应该贯穿于每一个课堂环节。

三、翻转课堂应用于大学英语阅读教学的创新路径

（一）大学英语阅读教学的现状分析

阅读教学一直都是大学英语教学的重要部分，备受重视，而且随着大学英语教学的改革有了长足的发展。但是目前的大学英语阅读教学依然存在一些问题，了解并解决这些问题对大学英语阅读教学的未来发展具有重要意义。具体而言，大学英语阅读教学中的问题体现在以下几个方面。

1.教师层面

（1）教学方式单一

随着大学英语教学改革的深入，一些先进的教学理念不断被倡导，但是将这些理念真正落到实处，还存在一定的困难，因此在现在的大学英语阅读教学中，传统教学的模式依然存在。在大学英语阅读教学中时常会看到这样的情景：教师在上面讲得津津乐道，学生在下面认真聆听，并且还做着笔记；教师逐句讲解阅读文章里的新词汇、句型、语法等，然后分析文章里的问题，这样的英语阅读课变成了一堂语法课。在这样的教学模式中，学生处于被动的学习状态，缺乏主动学习的积极性，主动思考和实践能力也较为欠缺。在这种缺乏互动、机械刻板的教学中，学生的阅读能力是很难得到培养和提高的。

（2）文化意识薄弱

语言与文化密切相关，因此在大学英语阅读教学中，教师也应重视对学生文化素养的培养，进而促进学生阅读能力的培养。但实际上，大学英语阅读教学中跨文化教学很难开展，因为部分教师本身文化意识比较薄弱，对文化传播的概念理解不够深刻，而且对文化传播的方法缺乏一定的认识，这就导致大学英语阅读教学中文化传播的缺失。同时，教师对教材中的文化素材挖掘不深，缺乏文化素养方面的培训，这也导致教师文化意识不强、文化素养不高，从而影响阅读教学中文化知识的导入。

2.学生层面

（1）课外阅读学习缺乏监督

大学的课时有限，因此很多的阅读主要是在课外完成的。虽然教师布置了课外作业，但是由于学生长期形成的依赖教师的习惯，如果教师不抽时间检查，学生很可能就不会认真对待课外作业。课堂的阅读量有限，加上学生对待课外阅读不认真，这样就很难提高自身的阅读能力。

（2）阅读的动力不足

从中学进入大学后，学生摆脱了家长和教师的严格监督，因此大学的学习主要依靠自主性来推动。如果学习的自主性不强，学生就会浪费大把时间。另外，很多学生进入大学后一下子松懈了，错误地将考试当作唯一的学习目的，英语阅读的动力明显不足。如果阅读材料的篇幅过长，或者难度过大，学生就更加没有动力完成阅读了。

（3）词汇量和阅读量小

要想顺利阅读语篇，首先要具备一定的词汇量，如果词汇量储备不足，将无法有效阅读。可以说，要想提高英语阅读能力，词汇量是基础，足够的阅读量是前提。在词汇量薄弱的情况下，扎实的阅读技巧是没有用武之地的，是无效的。英语阅读所要求的词汇量很大，并且同义词、近义词繁多，词义之间的区别和差异模糊、难以辨认，这给学生的学习增加了难度。英语阅读综合能力的提高，需要学生在掌握充足的词汇量的前提下进行大量的阅读。当然，词汇量和阅读也是相辅相成的，词汇量是通过阅读加以积累的，而词汇量又进一步推动着阅读的进行。目前，很多大学生词汇量的储备有所欠缺，而且阅读量较小，这对他们的阅读能力的提升将非常不利。

（4）不爱阅读，不会阅读

很多大学生不想阅读，也不爱阅读，这主要是因为其对英语阅读缺乏兴趣，即使阅读的内容并不难，但他们仍然对阅读提不起兴趣。此外，很多大学生也不会阅读，如单词不会读，句子不会拆分不会翻译等，即使学生想要阅读，但不会阅读，也将难以有效提升阅读水平。因此，应培养学生阅读的兴趣，同时学习阅读的方法，这样才能有效提升阅读的水平。

（5）文化背景知识缺乏

现在的英语文章都蕴含着一定的西方文化背景，如果学生不具备一定的西方文化知识，那么在阅读过程中遇到一些具有特定文化内涵的词汇时就难以理解其真实含义，阅读也就无法顺利进行。

（二）大学英语阅读教学的基本原则

1.目的性原则

（1）根据不同的阅读目的运用不同的教学方法

阅读按其发音与否分为朗读和默读，又按其方法和要求分为精读和泛读。朗读作为一种能力，在交际中实用意义不大，却是必要的教学手段，在教学初级阶段应培养学生正确的语音、语调和朗读技巧。在现实生活中，默读是获取信息的主要手段，它主要体现在泛读和速读的教学中，应重点训练，提高学生的阅读速度和阅读理解能力。精读课应加强对语篇意义和语言知识的准确理解，培养学生的分析能力和欣赏能力。泛读课应注意阅读的广度和流利程度，培养学生的综合能力。针对以上阅读的不同目的，在教学时，要根据学生的阶段需要，制订主要阅读目的，适当配合其他阅读方式，采取不同的教学方法，促进阅读技能的提高。

（2）配合不同目的的阅读训练，选用适当的阅读材料

使用恰当的"输入"材料，是提高阅读能力的有效步骤之一。在进行阅读教学之前，教师要分析学生的现有语言知识水平和阶段教学重点，根据学生的需求，选择适当的阅读材料，力求生词量、难度相当，并且真实性、趣味性和交际性强，既能吸引学生的注意力，又能帮助他们锻炼思维，提高阅读能力。在备课时，教师可充分利用课本，按照不同的阅读目的处理课文的教学，在进行泛读和速读教学时，配以不同题材、体裁的阅读材料作为补充且有利于阅读技巧的训练。

2.主体性原则

依照阅读教学理论，阅读的过程是一个主动的、语言与思维相互作用的、创造性地学习运用语言的过程。学生只有在教师的正确引导下，在以学生为主体的阅读教学活动中才能逐步学会正确而有效地阅读。因此，在阅读教学中，教师应当认真钻研教材，根据阅读目的和内容，设计形式多样的、以学生为主体的课堂教学活动，用以激发学生的学习动力和阅读兴趣，使他们产生强烈的阅读愿望，主动积极地投入阅读。在此基础上，学生才能进一步学习阅读技巧，提高阅读能力。

3.词汇积累原则

对于英语阅读而言，词汇是必不可少的组成部分，也是顺利进行阅读的基础。作为一名英语教师，应该理解词汇在阅读理解中所扮演的角色。学生理解基础词汇，有助于他们在阅读上下文时猜测出一些低频词汇的含义。一般来说，那些经常阅读学术性文章的学生应对术语的能力要明显强于应对一般词汇的能力。因此，学生如何积累基础词汇是教师需要关注的问题。

在词汇积累教学中，单词网络图是比较好的方式。在英语阅读课堂上，教师可以给出一个核心概念词，然后让学生根据该词进行扩展，从而建构其他与之相关的词汇。需要指出的是，高频词教学在词汇积累中是非常重要的，教师有必要将其渗透在英语听、说、读、写、译教学之中，并在细节层面给予高频词较多的关注，这样才能让学生顺利完成阅读，并根据这些高频词顺利猜测陌生词的含义。

4.注重文化语境原则

文化语境知识即所谓的背景知识，是读者在对某一语篇理解的过程中所具备的态度、价值观、对行为方式的期待、达到共同目标的方式等外部世界知识。在英语阅读教学中，背景知识是重要的组成部分，尤其是对以母语为汉语的人来说，阅读源自汉语文化背景的著作要容易一些，但是阅读其他文化背景下的相关著作有可能会遇到困境。要想对以英语文化为背景的语篇有深刻的理解，必然需要具备相关的文化语境图式，这样才能实现语篇与学生理解的文化背景图式吻合。学生的背景知识会对阅读理解产生影响。其中，背景知识包含学生在阅读语篇过程中所应该具备的全部经历，包括教育经历、生活经历、母语知识、语法知识等。教师如果能够设定目标、预测、讲解一些背景知识，学生的阅读能力就能够大幅度地提高。如果学生对所阅读的话题并不清楚，教师就需要建构语境来辅助学生的学习，从而启动整个阅读过程。

具体来说，教师在进行备课时要精心研究教材，弄清弄透英语阅读教学中存在的文化语境空白，对材料进行精心地选择，或者为学生提供某些线索，让学生通过一定的手段和方式处理语篇中涉及的文化背景知识。当然，由于课堂时间是非常有限的，学生不可能解决所有不熟悉的文化背景知识内容，这时候就需要教师充当建构新文化语境的工具。教师需要了解学生在自主学习中遇到的问题，帮助学生顺利理解所学的知识与材料。

5.把握阅读关键原则

受中国应试教育的影响，阅读教学与其他教学一样，教师将更多的关注点放在教学检测结果之上，而阅读理解中的理解却被忽视。实际上，成功完成阅读的关键就在于完善与监控阅读理解。为了能够让学生学会理解，可以从学生的自我检测入手，并鼓励他们同教师探讨具体的理解策略，这是元认知与认知过程的紧密结合。例如，教师为学生示范如何进行理解。全体学生一起阅读，并一起探讨，这样便于每一位学生理解文章的内容。

6.速度与流畅度结合原则

英语阅读教学存在一个严重的困难，那就是虽然学生具备了阅读的能力，但是很难进行流畅的阅读。也就是说，教师将更多的关注点放在学生阅读的准确性上，而忽视了学生阅读的流畅性。这就要求教师在阅读教学中找寻一个平衡点，不仅帮助学生提高阅读的速度，还要保证学生阅读的流畅性，这是阅读教学的最终目的。一般来说，学生阅读的过程不应该被词汇干扰，而是应该花费更多的时间研读内容及语言背后的文化。要想提升阅读的速度，一个好的办法就是反复进行阅读。学生通过反复地阅读，实现速度与理解的结合。

（三）翻转课堂模式下大学英语阅读教学的优势

1.提供了丰富的资源

在阅读教学中，教师可以从网上通过自己的筛选获取更多的阅读材料，从而指导阅读教学。同时，学生自己也可以进行搜索与浏览来提升自己的阅读能力，加深自己对阅读知识的理解。

2.提供了先进的阅读活动工具

传统的英语阅读将字典视作工具书，不仅携带不方便，而且查询也不方便，甚至很多时候查询到的结果也不是自己想要的。相比之下，网络为学生提供了一个虚拟的图书馆，容量非常丰富，也方便学生查询。

3.提高了学生的阅读兴趣

在翻转课堂教学模式中，教师课前根据教材文本制作内容丰富的教学视频，学生观看精彩的教学视频能够激发他们对英语阅读的兴趣；同时，在轻松自由的学习状态下他们对英语阅读的兴趣也会迅速提升。他们不再被动地接受教师所布置的阅读任务，而是主动去寻找自己感兴趣的阅读材料进行课外阅读。

4.发展了学生的语言能力

在翻转课堂教学模式下，学生的阅读兴趣提高了，他们的阅读量相比之前也会有所增加。大量的阅读对于学生阅读速度的提高和阅读能力的提升起着重要的作用，而且阅读所带给学生的不仅仅是阅读本身，它对学生语言综合能力方面的发展也有很大帮助，如扩大他们的英语词汇量、提高他们的写作能力等。

5.实现了学生的个性化学习

在翻转课堂教学模式下，每位学生都可以根据自己的学习进度来学习英语阅读教学视频，在遇到疑惑或者不懂的问题的时候可反复观看教师的教学视频，而不像在传统的课堂上那样紧张，稍微分心就会跟不上教师的讲解节奏。同时，在课堂上针对学习问题的讨论可以使每位学生在学习中所遇到的问题都得到解决，真正实现学生的个性化学习。

6.培养了学生的创新合作能力

随着网络时代的到来，媒介融合与网络多元的趋势日益明显，社会对人才的需求更加强烈也更为苛刻，不仅要求人才具备专业的从业技能，更要兼具较高的职业素养与创新合作意识，而英语阅读则是培养具有创新与合作意识人才的途径之一，传统的课堂教学教师控制整个课堂，由教师提出问题并引导学生解决问题，学生在教师的指引下开展阅读训练，而翻转课堂模式则不同，因为教师地位的弱化使学生可以自主掌控学习过程，在自主参与英语阅读的过程中发现自己的知识薄弱点和阅读盲点，针对既存的疑难问题思考如何解决问题，探寻解决问题的有效策略，而这一过程本身就是学生自主意识培养的过程。

翻转课堂还为学生提供了交流与探讨的平台，借助"翻转课堂"这个平台，基础扎实的学生可以指导基础薄弱的学生，同一学习层次的学生可以就某项阅读疑难问题进行探讨交流，各抒己见，学生在合作交流与互帮互助的过程中增进了情感并提升了合作创新意识。

7.培养了学生的综合实践能力

翻转课堂模式强调以学生为主体，无论是在课前还是课上都强调学生自主学习探索新知、发现问题以及合作交流解决问题，发挥学生学习的主动性与积极性。这种模式不仅增强了学生的自主学习能力，也提升了学生解决问题的能力，并且通过各种课堂学习活动还增强了学生的合作能力、交流沟通能力、创新能力以及实践能力等。

由此可见，翻转课堂让教师的教学方式和学生的学习方式都发生了很大变化，学生的阅读兴趣和阅读水平也明显提高，这说明将这种新型的教学模式应用到大学英语阅读教学中的成效较为显著。

（四）翻转课堂模式下大学英语阅读教学的方法

1.发挥网络互动优势，激发学生的学习兴趣

教师可以利用信息技术为学生的英语阅读创建一个平台，让学生充分参与其中，并利用这一平台来提高自己的阅读能力。利用信息技术，教师可以为学生准

备丰富的阅读资料，实现阅读资源共享。在教学过程中，教师可以依据教材中的内容为学生建立一个网络阅读资料库，将教材中阅读的重点、难点都上传到网络上，同时为学生补充适当的课外知识，以拓宽学生的阅读视野。此外，为了避免学生在阅读学习中感到乏味，教师还可以在学生阅读的资料中添加一些图片、视频、漫画、音乐等，在材料的形式、设计上也可以体现自己的特点，让学生爱上英语阅读。

2.科学合理地选择阅读材料

显然，学生阅读能力的提高离不开大量的练习，换言之，英语阅读属于一门技巧训练的课程，需要花费大量的时间进行阅读训练。因此，这就要求教师为学生准备合适的阅读材料。在信息技术的帮助下，教师可以为学生找到一些贴近课堂教学内容的阅读材料。在开始上课之前，教师可以为学生布置一些阅读要点，让学生自己上网搜索浏览，这可以在一定程度上培养学生的查询以及获取信息的能力。随后，教师将自己所准备的阅读材料发给学生，让学生通过小组的形式阅读与交流，并分享心得。等到课堂结束的时候，教师可以安排学生对这次阅读活动进行总结，每一位学生都要写出总结报告，然后教师对学生的报告给予口头评价。

3.科学地进行评估与分类指导

教师除了利用信息技术在课堂上授课之外，还可以利用信息技术对学生的学习成果进行评估。在设计一套合理的教学评估方案之前，教师可以利用网络技术搜索与阅读相关的评价理论或内容，进而结合自身所教授的阅读材料中的生词、语法、词汇量、句法等知识来设计评估内容，如此获取的评估结果将可以充分了解学生的阅读水平。同时，教师还可以对学生的评估结果进行线上统计，对学生阅读的时间、阅读的效率也有充分的了解。

四、翻转课堂应用于大学英语写作教学的创新路径

（一）大学英语写作教学的现状分析

1.教师层面

（1）教学方法陈旧

受学时以及应试教育的影响，在英语写作教学中，大多数教师仍旧采用传统的教学方式展开教学，即在课堂上为学生提供各种类型的范本，要求学生进行模仿并完成课后写作任务，教师进行评价。这种教学方法忽视了师生之间的交流，也忽视了学生兴趣的培养。模仿是学生学习写作的一个必经阶段，却不是最终的阶段，只有完成创造性的写作才是最终的目的。事实上，创造不仅是一个过程，也是一个结果，如果没有创造性，那么这样的写作也毫无意义。因此，在英语写作教学中，教师需要与学生进行沟通，培养学生的学习兴趣和积极性，并灵活采用多种方法开展写作。

（2）重形式，轻过程

很多人指出，英语写作中应该注重形式，并认为这是必然的，因此导致英语写作教学中对于句子规范性和文章结构的教学非常侧重。教师和学生都将形式视作写作教与学的重点，忽视了写作的过程与内容。这样的写作是流于形式的写作，很少能够触及写作的核心。

（3）教与学颠倒

写作教与学颠倒主要有如下两点表现。

第一，写作是一个极富实践性的课程，因此写作应该以学生的操练为主，以教师的教授为辅。在实际的写作教学中，教师往往花费大量的时间对词句进行讲解，只给学生留下少量的时间进行写作，这样实际是对教学内容主次的颠倒，对学生写作能力的提升是非常不利的。

第二，写作是一种学生个体的活动，尤其是从构思到写作再到修改。在英语写作教学中，教师过多地讲解浪费了学生的写作时间，也会使学生丧失写作的积极性和主动性。

（4）忽视文化差异问题

文化因素对于英语写作教学有着重要影响，并且导致学生在写作中会遇到一些问题。首先，由于英汉思维方式的不同，英语重视形式，而汉语重视意义，这

就导致学生在谋篇布局上出现困难。其次，由于英语和汉语属于不同的语系，有些词语含义是不对等的，这就导致学生容易出现用错词的困境。

2.学生层面

（1）语言质量不过关

很多学生在使用英语写作文的时候往往不会使用地道的英语表达方式，所写出的英语句子存在大量语法错误，甚至还有很多单词也都拼写错了。英语与汉语存在很大差异，英语词汇在词性、用法、词义、搭配等方面都有自己的鲜明特点，如果学生按照汉语的逻辑思维来组织英语作文，那么显然就会出现各种语言知识点层面的错误。

（2）中式英语现象严重

我国学生长期生活在汉语的环境下，受我国传统文化的影响较深，也形成了相对固定的汉语思维习惯。然而，英语思维与汉语思维存在较大差异，汉语思维会影响学生的英语学习进程，"中式英语"就是其中的一个突出表现。很多学生使用汉语的表达方式来写英语句子，所写出的句子往往词不达意，呈现出中式表达习惯，这一现象所带来的后果是比较严重的。

（二）大学英语写作教学的基本原则

1.恰当性原则

英语写作教学的恰当性是指写作任务的设计应该恰当。具体来说，写作任务需要具备如下两点特征。

第一，能够激发学生思想交流的需求，使学生有内容可写。

第二，对于学生语言能力提升有帮助，如增加词汇量、学习新句型等。

这两点虽然是对写作方法的要求，但也是对写作任务的设计要求。具体来说，一个好的写作任务，需要与学生的实际生活相符，让学生有充足的经验开展写作。同时，还需要符合学生实际的语言能力，这样才能有助于完成写作，将理论知识运用到具体的实践中。

2.多样性原则

英语写作教学中需要坚持多样性原则，主要体现在训练方式与表达方式上。

从训练方式上来说，教师应该采用多样化的方式，如可以通过扩写、仿写等办法训练学生的写作能力，同时教师应该把握好每一种方法的优缺点，让学生在多种方法下掌握适合自己的方法。

从表达方式上来说，教师应该引导学生在写作中运用多种表达方式，如记叙、描写、说明、议论、抒情等，这样的写作才是灵活的写作。这不仅可以对学生写作中的问题加以弥补，还可以提升学生灵活运用技巧的能力，写出来的文章才更能引起读者的注意。

3.综合性原则

写作这一活动并不是孤立存在的，而是与其他技能有着密切的联系。也就是说，应该将写作与阅读、口语等技能相结合，只有这样才能保证写作教学的有效性，才能促进学生写作水平的提升与进步。例如，通过阅读，学生可以获取相关信息，并能够发现写作中存在的问题，通过课堂上的相互讨论，学生可以进行交流，并提出相关意见，从而完善自身的写作。

4.主体性原则

在大学英语写作教学中，首先需要凸显学生的主体性，对学生的主体性予以尊重，从学生出发来展开教学。只有将学生的兴趣和积极性激发出来，提升学生的主动性，才能让学生占据主体的地位。

另外，教师是否组织小组讨论、小组之间如何展开讨论属于过程教学法的内容，也是过程教学法的关键层面。教师在小组讨论中，不仅可以采用提问的形式，还可以采用问卷的形式或互相帮助的形式。总体来说，主要是让学生参与其中，将学生的自主性发挥出来，进而让学生在活动中完成自己的写作。

5.范例引路原则

从学生层面来说，他们在进行英语写作时，往往会面临如下两种困难。

第一，有很多话想说，但是不知道如何下笔。

第二，没有话可说，或者只能说出一些皮毛，很难将自己的想法深入地表达出来。

在写作教学过程中，教师要帮助学生克服这两大层面的困惑。教师可以在学生写完之后给学生提供一些范文，让学生将自己写的内容与范文进行对比。这样有助于学生发现自己写作中的不足，找出自己写作中的问题，从而快速地提升自身的写作水平。需要指出的是，教师提供的范文应该在格式、内容、修辞等层面都能够对学生有所帮助，从而让他们掌握一些写作的知识。

（三）翻转课堂模式下大学英语写作教学的优势

1.反馈具有实时性

翻转课堂注重教学对象反馈的实时性，适合实践性较强的英语写作课程。大学英语写作是一门语言输出类课程，要求学生根据所学的知识和技能进行遣词、造句、组段，实践性较强，这种课程需要学生的反馈和教师的纠正实时进行。在传统课堂模式下，批阅作文始终是让教师头疼的一件事，对于习作中出现的错误，教师难以在稿纸上淋漓尽致地表达修改意见，即使表达出来了，学生也难以完全理解教师密密麻麻的批改意见。因此，反馈、纠正两个环节处于不清晰状态，作文批阅的有效性很低。在翻转课堂模式下，学生在计算机上直接编辑作文，实时反馈知识掌握程度；教师巡视课堂，实时纠正学生的习作错误。反馈和纠正两个环节实时地、个性化地发生，可以切实有效地提高学生的写作水平。

2.有助于学生形成良好的写作习惯

"凡事预则立，不预则废"，培养良好的英文写作习惯，需要学生有较强的预习习惯，对写作的内容能有充分的准备，翻转课堂的模式让学生的听课效率大大提高，他们在课堂上的主体性也会得到充分发挥。翻转课堂模式的英语写作教学，重视对学生预习能力的培养，将课改精神真正落实到实践中，对学生英文写作的促进作用是直接而又明显的。

另外，在翻转课堂学习过程中，通过微课视频，学生会看到很多范文，教师通过这种特殊的范文提供方式，展示各种文体的范文，讲明各种文体的写作要求和注意事项，如日记、便条、书信、通知的格式等，并给予必要的提示，帮助学生掌握各种体裁文章的格式。

微课的教学方式简短快捷，学生能够迅速找到英文写作的突破口。同时，翻转课堂的教学模式让学生有直接的写作启示类的观察活动，让学生仔细观察、发挥想象力，并在小组活动过程中先说后写，形成良好的写作习惯。

3.有助于提升英语写作教学效率

翻转课堂并不是简单地将课程重点转移。有实践证明，翻转课堂能够有效地提升学生的自主学习效率，极大地增加面对面授课时练习写作的时间，解决学生因写作焦虑情绪而逃避练习的问题，直接提升学生的英语写作能力。

对某校学生的调查结果显示，如果在课堂前对教学内容进行掌握，会感受到自信的学生占到90%；在课堂中和同学之间互相讨论熟悉的知识不会感到紧张的学生达到87%。可见，在教师授课之前，学生自主且充分预习教学知识，能够有效地提升学生的自信心，缓解学生的紧张和焦虑情绪。除此之外，课堂的焦虑情绪也可能是教学训练过多造成的，但是通过长期的写作技能训练，写作成绩有显著提高时，写作时的焦虑感便会自然消失。

4.有助于提高学生的写作能力

翻转课堂教学提倡的同伴互助学习和课堂讨论的学习模式有助于学生提高外语写作水平，因为这种互助教学形式能够增加学习活力，提升学生学习兴趣，并且在同伴的影响下改进学习策略，更加高效地习得知识。将其运用到写作教学课堂，可以为学生提供更加丰富的反馈信息，学生一旦接受了互改文章的形式，就会在写作时不自觉地将同伴也作为读者对象。

在修改文章时，无论水平高的还是水平一般或较差的学生批改同伴作文时都非常仔细：他们会反复阅读同伴的作文；遇到自己也不太确定的疑难点，就会去查阅；批改后会认真写上评语，这些评语的语言质量往往要高于他们他们自己的作文。这个过程本身就是学习写作技巧的过程，这样要比教师周而复始、一成不变地修改文章给出评语更能调动学生学习写作的积极性。

5.帮助学生形成大量阅读空间

英文写作能力的提升，需要有大量的阅读空间，传统课堂模式下学生需要在课堂上完成听课、讨论、分析、动笔、反馈、整理等一系列活动，课堂上进行阅读的时间就会减少，而课后因为学习任务繁重，更是挤不出时间进行大量的英文著作阅读。采用翻转课堂的模式，学生能够迅速抓住重点进行微课学习，然后完成写作活动，写作速度提升了，自然有大量的时间进行课堂阅读，为写作素材做好准备。同时，在微课创造设计过程中，教师可以通过互联网进行链接设计，如完成"The family continues to be the primary source of care and comfort for people as they grow older"这个话题作文的写作，教师可以利用PPT课件设置超级链接，目的是节省时间便于操作，让学生能够自主阅读更多的文学材料。

（四）翻转课堂模式下大学英语写作教学的方法

1.教材选择强调课程之间的连贯性、教学素材的本土性

选择的写作教材不仅要包括应用文文体，而且要包括基础写作、文学写作等其他文体，这些教材内容不仅要为学生提供更多的自学资料，而且能弥补教学计划中课程设置缺乏连贯性的不足。同时，在考虑版本时教材的素材最好来自本土，为学生提供比较熟悉的案例，符合语言教学的真实性要求，适合本地区教学。

2.注重实用性、多样性、可操作性、指向性

从教学内容来看，重点是教材中的应用文写作章节，从生活便条到公务便函，从个人简历、求职信到商务信函，各项内容相互关联、循序渐进，让学生综合掌握各种活动中的信函要求。

从教学辅助手段来看，通过学校的教学管理平台，教师可上传教学大纲、授课计划、课程说明、电子教案和教学资料，设置网上交流和实时答疑，安排计分作业，建设小型题库，并设置在线测试。

从教学组织形式来看，可以安排在机房上课让学生现场作文，这样做有以下三点好处。

其一，教师可以在课堂上逐个进行辅导，为学生提供个性化辅导。

其二，学生可以利用网络工具及时查询单词和相关资料。

其三，现场作文能够及时反馈学生对知识和技能的掌握程度。

从教学方法来看，可以采用任务型教学法，让学生在完成给定任务（计分作业）的过程中，了解各种作文的格式，熟悉写作的基本知识和基本技能。

3.教学过程强调教学对象的主体性、教学程序的连续性

要求学生在上课前自学指定的教材章节和电子教案，上课时教师在布置写作任务后简要介绍任务涉及的知识点，然后学生分头在计算机上写作。对于学生提出的共同问题，教师会集中讲解，但大部分时间是一对一辅导。为了保证课堂上每个成员的学习积极性都能调动起来，教师可以发动基础好的学生做小老师，帮助基础差的同学解决一些简单问题。

课后，学生把写好的作文上传到教学管理平台的计分作业栏目，由教师批阅。教师批阅的目的在于肯定哪篇作文更加有逻辑性，更加合情合理，并且把优

秀作文设置成"展示"，为没有到课的学生提供范例。

4.教学评估强调实践性、过程性

大学英语写作课程作为语言输出类课程，集中检验着学生对以前输入型课程的掌握情况，现场作文是最直观、最有效的检测手段之一。因此，在翻转课堂教学模式的应用过程中，教师应强调现场作文的过程和质量，将其作为阶段性评估的重要组成部分。

第三节　翻转课堂应用于大学英语翻译与文化教学的创新路径

一、翻转课堂应用于大学英语翻译教学的创新路径

（一）大学英语翻译教学的现状分析

1.教师层面

翻译是具有实践性特征的一项语言技能，需要理论与实践的有机结合。对此，在大学英语翻译教学中，教师除了传授学生基本的翻译知识与技巧外，还需要不断带领学生参与到翻译实践中，在实践中验证学生对课堂的掌握情况。但是就目前来看，我国很多学校在翻译教学中都是理论与实践相脱节，仅传授理论，导致学生学习了大量理论知识，但无法有效运用于交际实践。

2.学生层面

（1）双语能力薄弱

翻译涉及两种语言的转换，所以要想有效进行翻译，就要具备双语能力。所谓双语能力，就是两种语言沟通所需要的基本知识，包括两种语言的运用、社会语言学、语篇、语法和词汇知识。在翻译文本中，双语能力主要体现在一定语境

下的翻译能力，如连贯与衔接、语法差异等方面。但由于学生普遍缺乏语境知识，双语能力薄弱，译文常会出现连贯性不强、语法错误较多等问题。

（2）语言外能力不足

翻译涉及的内容和主题十分广泛，除了要具备翻译技能外，还要具备语言外能力，即关于世界和特定领域的陈述性知识。具体而言，语言外能力包括语言文化知识和目标文化知识，也包括百科全书知识，还包括其他领域的学科知识等。但大部分学生在语言外能力上有所欠缺，文化知识的翻译表现不佳。例如：

原文：我小的时候特别盼望过年，往往是一过了腊月呀，就开始掰着指头数日子，好像春节是一个遥远的、很难到达的目的地……

译文：I felt particularly eager to celebrate the New Year when I was a child. After the end of Lunar December...

由于文化知识的欠缺，学生在翻译"腊月"一词时，误译成了the end of Lunar December，其中Lunar一词的确有"阴历"的意思，但不是中文"腊月"的意思。

（二）翻转课堂模式下大学英语翻译教学的优势

1.体现了"以学生为中心"的教学理念

在传统教学中，教师常采用"填鸭式"的方式向学生灌输知识，学生则是被动地接受知识。翻转课堂带来新的教学理念，将学习决定权从教师转移给学生，让学生主动自主地学习，培养学生的实践能力。翻转课堂能够根据预设教学目标，依照学生实际学习能力和需求，安排不同学习视频，让学生在课堂上能够反思自己已学到的知识，实现个性化教学和分级教学。

2.符合英语翻译教学的特点

英语翻译是一项实践性很强的活动，学生只有在大量的实践中才能逐渐积累翻译的技巧和经验，仅靠课堂短暂的教学时间很难提升翻译能力。目前的翻译教学主要教授具体的翻译技巧和应对具体问题的翻译方案，在教学方式上仍然保持着传统课堂中的直线型教学模式，完全"以教师为中心"。这种教学模式往往导致学生的翻译实践能力较低，而且翻译实践也通常会受到教学上的翻译积累的限制，缺乏面向市场服务的翻译意识。实施翻转课堂后，教师可以利用课堂时间组织学生进行英语的表达和互动活动，学生可以获得大量的翻译机会，从而逐渐积累翻译的技巧和经验，提高翻译能力。

（三）翻转课堂模式下大学英语翻译教学的方法

1.制作个性化的翻译教学视频

在实施教学时，教师可以提前为学生制作视频，将教学内容进行模块化处理，使每一个视频都围绕某一知识点展开，如翻译理论、翻译技巧等。同时，在制作视频的时候，应该突出重难点，明确教学目标，为线上、线下教学作准备。此外，教师还需要考虑翻译教学的连贯性，为了实现整体的教学目标努力。

在课堂开始之前，教师制作视频，设置教学任务，并将其发布到网络平台上供学生观看，对学生提出的问题加以汇总与解决。在课堂上，教师对视频中的技巧与理论加以梳理。组织学生进行协作学习，实现知识的真正内化。在课后，教师还可以组织学生撰写翻译笔记，从中了解学生对哪些问题存在疑惑，进而对自己的教学方案加以调整。

2.利用多媒体展开翻译课堂教学，增加英语习得

在翻译教学中，教师可以利用与教材配套的多媒体光盘辅助教学。不过，由于各个学校的多媒体设备资源配置不同，而且教材所配套的光盘往往在内容上缺乏系统性，所以教师需要酌情使用。对此，最好的方法就是教师根据教材内容自己动手制作课件，然后利用多媒体播放。多媒体课件的制作过程相对烦琐，需要依据具体的教学过程、教学内容、教学目标、教学媒体等，只有将这众多条件融合在一起，并体现互动性原则，方能制作出优良的多媒体课件。当然，这样的课件对于学生翻译能力的提升也是大有裨益的，可以让不同层次学生的翻译能力都得到不同程度的提升。

为此，在进行翻译教学活动之前，教师可以利用声音、图片、动画等教学辅助手段来刺激学生的学习兴趣，使学生在学习过程中始终保持较好的兴趣，将枯燥的翻译理论变得生动、有趣。针对具体的教学过程，教师在其中不仅要教授学生英汉互译的技巧，而且还需要补充中西方文化背景知识，让学生对翻译理论形成一定的系统。虽然教师在翻译教学过程中所使用的教学模式相对陈旧，但在内容与形式上与传统的翻译教学已经大不相同。这种不同主要体现在如下方面。

（1）形式上不再是单调的板书形式，而是以多媒体形式呈现，节约了大量时间。

（2）内容上是针对不同层次的学生展开的，在课堂上由教师指导和学生自主选择，这有利于改善课堂教学的氛围。

二、翻转课堂应用于大学英语文化教学的创新路径

（一）大学英语文化教学的现状分析

在英语文化知识教学中，应该将文化自信融入进去，从而更好地培养出顺应时代要求的英语人才。但是，目前的文化教学实践中还存在着很多问题。

1.课程目标迷失

对于文化课程来说，教学目标与教育目标都非常重要，并且二者有着极其密切的关系。当前，文化课程逐渐发展成一种"符号表征"，发展为一种"文本"，正是由于这种"文本"的存在，可以从中解读出很多意义，如个性意义、审美意义等。但是，无论是传统语言学提倡语法，结构语言学提倡形式分析，还是交际语言学提倡语言技能，其中的文化课程都局限在词汇、语法层面，缺乏挖掘教育价值。在高校英语授课过程中，提高学生的人文素养并未放在关键的位置，也并没有划分出具体的目标。

2.传统文化教育缺乏资源与平台

当今处于全球化时代，随着文化多元化与价值观选择的多元化，导致一些学生迷失了学习中国传统文化的方向，对西方文化与其他异质文化进行盲目地追求，在一定程度上忽视了中国的传统文化。

3.英语文化课程内容遮蔽

在互联网背景下，国与国之间的跨文化交际更为频繁，并且彼此之间互为参照。但是，作为英语文化课程内容的反映，英语文化教材中存在很多的"中国文化失语"现象，部分学生以教材为本，对英美文化过度认同与重视，忽视了中国优秀的传统文化和灿烂文明。

（二）大学英语文化教学的基本原则

1.主体意识强化原则

基于全球化的浪潮，西方国家凭借自身的话语权，采用经济、文化等手段推行其生活方式或意识形态，对包括中国在内的其他文化产生了冲击，导致文化输入、输出出现了失衡情况，也对其他民族的文化造成了一定程度的腐蚀。

对此，在实施文化知识教学时，教师应引导学生对跨文化交际过程中的平等主体意识加以强化，减少学生对西方文化的盲从，增强学生对中华优秀传统文化的认识与了解，主动对中国传统的文化进行整理与挖掘，吸取文化中的精髓，将中国优秀传统文化底蕴凸显出来，强调中华优秀传统文化在当今世界的价值。在文化知识教学中，教师要引导学生遵循"和而不同"的原则，既要对其他文化有清晰的了解，又要保持自身文化的特点。

2.内容系统化原则

文化的内容非常丰富，其所包含的因素至今尚未有明确的定论，因此在实施文化知识教学时，教师不能一股脑地将所有文化点纳入自己所讲授的内容中。我国的教育主管部门可以组织文化领域的专家、学者，从价值性、客观性、多元性等多个层面出发，引导教师传授给学生相应的中华优秀传统文化内容，如中国的基本国情文化、社会主义核心价值观、民族文化、节日文化、生活文化等。

（三）翻转课堂模式下大学英语文化教学的优势

1.有利于排除主体语言和文化认知障碍

要开展文化教学，首先应该培养学生的自主学习能力，也就是说，学生的外语交际能力和跨文化交际能力在一定程度上要依靠学生的主观认识与亲身体验，文化教学中学习活动、实践体验、探索深化等环节的顺利完成需要自主学习能力作为保障。在新媒体技术的支持下，翻转课堂将传统的知识传递过程放在课下，学生在教师提供的资料辅助下，不分水平层次，能够反复自主的自行安排学习知识、解决问题、完成任务，体现其主体地位，提高自主学习能力。另外，在个性化的学习中，学生可以为参与跨文化外语课堂作充分的准备，进行跨文化思考、讨论、交流和合作。当学生的主观能动性得到了提升之后，就会更加自信、积极地参与到文化教学的课堂中。

2.有利于人文修养和立体思维能力并举

文化教学不但涉及语言文学的基础知识，而且涵盖社会人文素质培养的高级内容。大学生经过中小学的英语学习，已经具备了基本的语言能力，所以大学阶段从原则上说应以培养人文素养为主。但是，从近期对大学英语文化教学的调查中可以发现，不少教师都因为课时有限，难以很好地开展文化教学。在时间有限的情况下，传统的大学英语课堂中，文化教学还需要为语言教学让步。实际上，人文修养和立体思维能力不像知识教育那样能单向讲学，而要建立在参与、体验、反思、领悟的基础上。翻转课堂将基础知识传授环节安排在课外，教师在课上组织活动、个别指导、小组协调、答疑解惑，专注于引导学生对知识的吸收内化，通过写作互动进行深入的探究，在情境创设中加强跨文化交际能力。翻转课堂模式下的英语文化教学有利于优化课堂资源的分配，实现跨文化外语课堂的有效教学。

3.有利于构建文化多维度评价体系

大学英语文化教学所测试与评价的内容不但涉及具体的语言知识、语言技能、文化认知，而且涵盖情感交际、文化意识、思辨能力等复杂的层面，所以所用的评价与测试方法也要求多元化。翻转课堂的优势之一就在于多维度、多层次地评估学生的学习结果，从课前的网络平台自我检测到课上活动的多向互动与评估、小组合作时的互评，以及教师对学生课上活动表现的评价、对项目成果与任务的评估，均可以弥补传统教学考试测评中缺失的全面性。

（四）翻转课堂模式下大学英语文化教学的方法

1.为学生制作学习单

为了使学生尽快适应自主学习的模式，教师可以根据具体的教学内容为学生设计一套学习单，引导他们按照教学大纲和教学目的开展有意义的自主学习活动。在所设计的学习单中，教师应该详细列出本单元涉及的教学内容、学生要完成的自主学习内容、相关的语言学习材料目录、相关的文化积累材料目录等。学生可以在完成这些内容的过程中逐渐了解自己要学什么、想学什么、学到了什么，从而实现自主学习过程的建构，为英语文化教学的课堂活动奠定基础。

2.要求学生进行课外自主学习活动

教师应该先将全部教学内容分解为若干个阶段性、模块化的学习目标，将制作好的短小（10分钟内）、精悍的微课材料传到网络平台上，并且指导学生制订出相应的学习计划。学生一方面可以利用学校提供的网络平台上的微课自主学习，另一方面可以课下自主完成学习的任务。对于学习内容，学生可以根据自身的文化知识掌握情况以及语言水平等进行适当选择，既要保证其与自身实际水平相符，又要确保其可以满足对新知识吸收的需求，也应达到通过语言与文化知识的吸收和内化，将新知识转化为已知信息，最终在特定的情景中与他人展开交流和分享，并且可以用目标语进行有效的交际。

3.组织学生完成课内展示和谈论

当学生完成了自主学习，教师可以将原本是教师主讲、学生听讲的课堂翻转成教师指导、学生展示学习成果并相互交流学习成果和经验的课堂教学模式。教师不再是课堂教学的主体，身份也从之前的知识传授者转变成知识反馈过程中的指导者、支持者和评价者。与此同时，学生的身份也由之前的听讲者、被动的知识接受者转变成主动的内容设计者、活动参与者。

课堂教学的内容与形式应具有多元化，一方面可以为学生提供机会展示自主语言学习、文化知识积累的成果，展示通过自主学习微课程和了解西方国家的文化背景知识而总结出的中西方文化冲突、文化比较等内容；另一方面可以为学生提供交流互动平台，组织各种形式的课堂对话活动，让学生相互探讨、补充对西方文化的深层了解以及使用目标语进行有效交流的经验和体会等。

4.建立科学的评价体系

翻转课堂教学模式与传统教学模式不同，跨文化教学课程与普通的语言知识课程也不同。翻转课堂教学模式需要大量的微课程和慕课等资源以及学生较高的自主学习能力支持；文化教学课程并非单纯的语言知识传递，而是在学生完成一定量的文化知识积累后展开的文化对比与文化交际。

想要将翻转课堂教学模式融入文化教学课程中，需要学生自主、自觉地完成文化知识积累，再经过翻转课堂上的展示与交流，将自主的信息输入转化为适当、有效的信息输出。其中，自主学习过程、学习效果、课堂活动参与程度等均需要一套完善的评价体系。

评价体系主要针对学生的自主学习过程以及学习效果，通过不同方式，如跟踪统计、各种测试手段、成果展示、信息反馈等，让师生共同对学生的自主学习情况有所了解，并且可以逐渐培养学生的自觉性，使学生养成自行构建学习过程、对整个学习过程负责的良好习惯。另外，建立科学的评价体系还可以帮助教师及时了解学生在自主学习过程中存在的问题，为教师更好地开展文化教学提供参照信息。

第五章

翻转课堂应用于大学英语教学的多元化评价发展

翻转课堂教学模式以其自身的优势在大学教学中脱颖而出。然而，当前对翻转课堂评价体系的研究尚处于起步阶段，存在依赖传统评价方式、缺乏学科针对性、本土化探索不够深入等问题。因此，本章具体分析翻转课堂应用于大学英语教学的多元化评价手段，以期为评价我国大学英语翻转课堂教学提供思路。

第一节　大学英语教学评价简述

一、大学英语教学评价的内涵

教学评价是对收集的教学活动和效果资料，按照既定的客观标准进行衡量和判定，这个过程具有客观性和系统性，本质是判断教学活动和效果的价值。为了得到准确的教学评价结果，作为评价者的教师必须严格按照客观标准的要求完成对教学活动相关资料的收集和测量。

测量是评价者将学生的学习效果进行数量转化，只是利用数学方法对学生学习行为和教师教学活动进行客观的描述，而不确定价值。例如，学生的考试成绩为78分，这个分数只是测量的一个结果，要想判断其价值还需要进行评价。另外教学评价中需要进行测验，测验需要使用测量工具或测量量表。考试只是测验的一个工具，评价则是分析和评判考试结果。

关于评价，很多人会联想到测试、评估，认为三者是同一概念。但是仔细分析，三者是存在一定区别的。简单来说，测试为评价、评估提供依据，评估为评价提供依据，评价是对教学效果的综合评估。三者的关系如图5-1所示。

从图5-1所示可知，评价与评估、测试的关系非常密切，但是也不乏区别的存在。具体来说，可以从如下几个方面理解。就目标而言，测试主要是为了满足教师、家长的需要，便于他们弄清楚自己学生/孩子的成绩。当今社会仍旧以测试为主，并且测试也为家长、教师、学生提供了很多信息。评估主要是为教师与学生提供依据，如学生在学习中遇到什么问题、学生学习的效果如何等，便于教师提升自身的教学质量，也便于学生提升自身的学习效果。评价有助于行政部门对教学资源进行合理配置。显然，三者发挥着不同的作用。

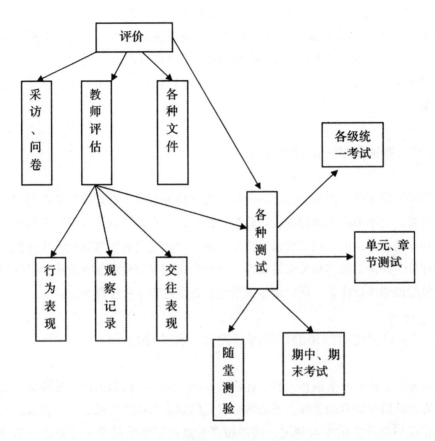

图5-1　评价、评估与测试的关系

二、大学英语教学评价现状分析

（一）以书面知识为主要评价内容

在大学开设英语课程，主要目标在于培养学生实际运用英语语言的能力，以及运用职业英语的能力，保证学生能够在学习、工作和生活中对英语进行有效运用。因此，课程评价应将语言实际应用能力和职业英语能力作为基础，从多维角度考核大学生的英语知识掌握程度。课程评价不仅要注重学生运用英语语言交际的能力和创新运用英语的能力，还需要关注学生的价值观以及情感态度，给予更为全面的评价。但是我国部分大学在英语教学评价中往往只关注书面知识，其考核评价内容为英语词汇量、运用语法的能力、阅读理解能力以及翻译写作能力。由于单纯地将书面知识作为主要评价内容，因此学生较少关注书本以外的英语学习板块，学生的学习成绩看似较高，实际上缺乏有效运用英语的能力。

（二）教师是唯一的评价主体

英语教师不仅是评价主体，同时也是被评价的对象，在评价体系内部的地位十分重要。大学英语教学评价往往是教师评价，很少甚至从不开展学生自评、学生间互评的活动，由于教学评价主体单一化，因此英语教师容易给出主观色彩强烈的评价，评价结果容易失去客观性。大学生必须参与到教学评价中，以此构建出完整的教学评价体系，同时彰显大学生在教学过程中的主体地位。

（三）只关注对结果的评价而忽视对过程的评价

部分大学在开展英语相关教学评价活动的时候，往往只关注结果评价，没有对过程评价给予应有的关注，英语教师只凭借期末考试的成绩，判定自身的英语教学情况以及学生的学习情况，这样做严重忽视了学生的学习过程以及学习态度，同时也从侧面打击了那些对英语抱有强烈学习兴趣的学生，使他们无法在后续学习过程中提升自身综合运用英语的能力。

（四）缺乏对听力、口语等其他学习板块的评价

很多大学在评价英语教学效果的时候更关注书面内容，虽然期末考试包括听力和笔试两部分，但是听力题目的分数占比较少，而且仅凭期末考试的听力答题结果对学生的英语能力进行判断显得十分片面。还有部分大学并未考查学生"说"英语的能力，英语课堂内部的口语交际板块通常为"走马观花"，即使英语教师在课堂内部进行评价，也缺乏实际的评价作用。

三、推动大学英语教学评价改革的策略

（一）及时转变英语教学评价理念

各大高校积极响应政府提出的高等教育改革要求，对英语课程教学进行了初步改革，但是在建设教学评价体系方面，仍旧沿用精品课程相关评价体系，这种评价体系往往用于"工学结合、职业性和实践教学"的评价中，对基础性质较强的英语课程缺乏适用性。英语是高校内部的基础性课程，不仅具备工具性，也具备强烈的人文性，因此在评价过程中，必须先转变相关教学工作者对教学评价的认知，再转变课程评价理念。

英语教学相关评价体系的建设，必须遵循以学生为本的要求，重视对学生综合英语能力的评价。学生运用英语的能力，就是评估教学评价体系科学化的指标。学生在整个英语相关教学评价体系建设当中应居于核心地位，而且英语教师在开展教学工作的时候，必须将学生放在中心位置，并且将该理念运用于评价活动中，保证教学评价体系能够完善。

除此之外，英语相关教学评价的内容也需要及时改革，英语教师必须突破传统的教学评价模式，开展综合评价活动，对学生的知识、态度、能力、情感、价值观等进行全面评价。在高等教育改革不断深化的今天，需要将学生运用英语知识解决实际问题的能力作为评价内容，保证英语教学评价具备正确的方向。在科学合理地设计评价内容之后，英语教师才能够有效推动英语教学以及评价体系的改革，为我国社会培养更多的专业人才，同时解决以往英语教学评价片面化的问题。

（二）建设专门的英语教学评价模型

大学英语课程具备明显的综合性以及复杂性，因此不仅要有序开展教学评价工作，同时还需要革新相关评价模型。在构建英语教学评价模型的时候，英语教师应当注重评价阶段、维度、问题的系统设计。大学英语教学的评价模型分为三个阶段，分别为准备、过程以及效果。为了使评价模型具备更强的科学性，需要考虑不同阶段面临的问题，从而使评价模型与教学评价工作紧密结合。

其一，准备阶段，需要准备好评价所需的资料和信息，然后进行归纳与整

合，同时总结以往教学评价中存在的问题，从而在改革过程中解决该问题。

其二，过程阶段，各大高校需要号召评价主体与客体全面参与，其原因是教学评价工作并非只由某一个人或者一个专业内部的教师参与，而是应由所有相关人员，如教师、学生、督导、课程专业负责人等，共同参与，因此要做好过程控制与严格把关。

其三，效果阶段，总结已经得到的评价结果，然后将此作为依据，对英语教学的方法进行调整，指导学生更科学地学习英语，发挥出评价的诊断、整改、督促等良性作用。

（三）合理选择英语教学评价指标

大学英语教学评价体系的改革，应当适当地借鉴发达国家的英语教学评价标准，同时对实际教学情况进行分析，兼顾国家精品课程评价指标体系中英语教学的实际情况，制定科学合理的、能够切实发挥作用的教学评价体系，为评价具体指标奠定良好的基础。不仅如此，在评价指标体系的建设过程中，必须对教学评价相关的指标构成要素进行分析，分别就学生、教师、内容、背景四个层面进行评价，重点关注教学管理工作相关评价活动。需要注意一点，那就是评价体系的建设必须做到以人为本、内容多元、促进发展，评价指标必须具备多个维度，而不是运用单一维度。例如，在教学评价指标体系建设的准备阶段，英语教学评价应当重点分析教学资源以及教学内容等，同时考量教学的理念、意向以及策略，更需要考量教师和学生的个性特征、学生已经掌握的英语知识、学生所运用的学习方式等。在正式开展英语课程教学之后，应当评价教师的教学策略、学生的学习方法、教学内容等。而在教学效果评价阶段，应当评价教师的教学工作是否达标、学生的发展情况等。所有指标权重必须合理设计，量化评价指标。

（四）合理应用英语教学评价结果

在改革教学评价体系的过程中，必须结合现有的评价结果深入开展教学改革，从而使教学评价体系得到持续完善。在获取教学评价结果的时候，不仅要进行定量计算，还需要对评价结果进行定性分析，坚持综合性的评价原则，不得单纯地为了获得教学评价结果而将所有内容简单叠加。在设计教学评价指标权重的时候，必须考虑到关联程度以及知情程度，从而获得更为客观的评价结果。不仅如此，还要将评价结果进行公示，接受全体师生的监督，避免评价结果失真。

评价结果应当在实际英语教学工作中得到运用，同时关联英语教师的评奖评优、薪酬绩效、职称评定、学生综合评估等内容，使评价发挥出导向作用。首先，英语教师必须及时更新自身的教学理念，更多地在教学过程中培养学生运用英语的能力，还需要尊重学生个性差异，在设计教学方法的过程中，将学生放在核心位置，因材施教。其次，在教学活动管理方面，学校应当关注先进的信息技术，及时更新教学资源，同时建设信息化的教学评价平台，保证英语教学评价体系的建设能够适应现阶段改革发展的要求。

（五）强化英语形成性评价

1.教师评价过程中存在的问题

在教学过程中，部分教师对考核内容、考核过程、考核题目的理解存在细微偏差，存在以下问题。

（1）评价内容单一

学习英语应该关注学习过程，而不仅仅是学习成果，要让学生学会合作、倾听和思考。过去，大多数教师以考试成绩作为评价目标，单一的评价内容无法客观评价学生的学习。

（2）评价过程单一

在现有的评价模型中，往往以分数论英雄，通过单元检测、期末考试等总结性评价，主要评价学生的学习结果，而忽视了学生的学习过程。

（3）评价主体唯一

在评价过程中，教师是评价的主体，学生的表现完全由教师决定，学生是非常被动的。

2.形成性评价在大学英语教学中的运用策略

（1）建立学生个人学习记录档案

建立学生个人学习记录档案，对指导学生正确运用自我价值评价系统非常重要。个人的学习记录档案一般是教师在日常学习评价过程中逐渐建立起来的。个人学习档案中的主要内容是对学生成长的评价，有利于奠定学生的思想基础，进一步激发其学习动力和积极性，促进学生的全面发展。教师充分利用个人学习档案中的评价内容，如课堂展示、口语表达、合作学习、师生互动等，不仅可以随时让所有同学看到、了解自己的成长路径，还可以帮助学生了解自己的进步和不足，以及思考自己接下来的目标和计划，有利于促进学生发展。

（2）追求评价的公正、客观性

兴趣是学习的先导。在教学时，如果学生能准确地回答问题，教师的赞美将是一种极大的鼓励，会激励他更加努力地学习。在评价过程中，教师应鼓励学生以多种方式表达自己，提升他们的自信心。学生的作业、行为模式和学习情绪等应该通过积极有效的自我比较、自我反思、自我动机等进行评价。学生接受和喜欢评价，本质上是学生对教师最大的认可。

在整个评价环节中，教师要力求科学、准确地将最终评价考核结果直接反馈给学生，让所有学生及时认清自己真正的长处和短处，从而更全面、更理性、更客观公正地提升自己，追求人生更进一步的发展。学生平时的课堂学习时间可以通过多种组织方式灵活调整。例如，团队成员之间进行自主对话讨论，认真回顾、反思、评价课堂学习活动过程等，教师针对学生的课堂表现及时给予反馈，帮助学生调整学习和积极改进学习计划，这样学生的学习能力很快就能得到有效提高。

（3）完善形成性评价体系

在形成性评价系统中使用反馈可以有效改善学习效果，但仅靠反馈并不那么有效，因为反馈就相当于将深度学习的责任和进一步改进转移给学生。形成性评价包括三个阶段：前馈—反馈—后馈。前馈帮助学生了解他们的学习目标并知道如何评价自己，换句话说，就是告诉学生"去哪里"；反馈让学生了解自己的优点、弱点以及他们的表现；后馈进一步指导学生在此基础上进行构建和改进，以便清楚了解下一步该往哪里走。只有这三个部分在形成性评价体系中并存，才能有效促进学生学习。

进行前馈。作为形成性评价系统的重要组成部分，前馈要回答"去哪里"这个问题。它主要包括三个部分：明确的目的、动机和目标设定。学生必须首先了解每节课的目的以及为什么这些知识、目标、信息是适当和重要的。当目标一致并且学生受到激励时，形成性评价系统就会起作用。

进行反馈。越来越多的例子表明，反馈越快越好。反馈与学生的表现密切相关时，反馈会更有效。反馈应该是具体的，通过反馈指出学生做得好的地方和需要改进的地方，学生便可以做出有效的调整。反馈应该是可以理解的，只有当学生理解反馈内容时，反馈才有效。反馈的意义在于学生可以通过反馈的内容进行自我调整，缩小与目标之间的差距，这样教师提供的反馈才具有实际意义。在形成性评价系统中，学生可以通过反馈了解他们当前的知识状态。然而，仅靠反馈是不足以促进理解的，需要教师进一步地指导。没有额外指导的反馈有助于激励学生，但会削弱他们的学习热情。反馈是个性化的，是根据学生的需求量身定制的，这一点非常重要。教学过程的一个重要部分是检查学生的理解程度，检查理解应该与指令同时进行，而不是在给出指令之后。一旦目标达成一致并开始上课，教师必须不断确保学生理解目标并帮助他们朝着目标前进。这种反馈策略尤为重要，在设计教学活动时，教师应考虑如何将学生的理解形象化，以便为下一阶段的教学提供有力的证据。教师应在反馈后提供指导和建议，但教师不必直接说出答案，应引导学生循序渐进地思考，并以提问的方式引导学生走向正确的方向，并在需要时给予鼓励。

进行后馈。后馈分为四个层次，每个层次都针对特定的内容，但后馈的层次应该与有效的教育目标保持一致。第一级后馈是对学习作业的反馈或纠正性反馈，这是教师最常用的后馈类型，对纠正错误最有用；第二级后馈是对学生认知过程的反馈；第三级后馈是与学生自我评价和自我管理相关的自我调节反馈；第四级后馈是关于个人的自我评价，并关注学生本人。形成性评价体系中的每个环节对教学目标的实现都起着重要作用，教学目标也是形成性评价体系的重要组成部分。

（4）构建逐步释放责任的教育框架

逐步释放责任的教育框架包括五个部分：目标设定、教师示范、顾问机制、有效的小组工作和独立工作。

第一，进行目标设定。教师在备课时都会设定教学目标，但并非所有学生都知道这一点。因此，在课程开始时，教师应该告知学生学习目标，让学生知道该做什么。

第二，开展教师示范。在学习过程中，学生不仅要学习知识，还要学习如何思考、提问和反思。学生需要教师为他们的思维过程建模，以便可以逐步开展自主学习。教师示范可以帮助学生一步一步地了解教师是如何解决问题的。教师还要教会学生综合分析，使每位学生最终能够运用自身所学专业知识思考和解决现实生活中的一些问题。

第三，设置顾问机制。教师对学生的督导从询问、鼓励、解决三个方面进行。问题是用来检查学生的理解情况，当学生理解不正确时，要鼓励学生思考。当鼓励不起作用时，教师应提供一些线索，学生利用给定的线索来解决问题。

第四，开展高效的小组合作。小组合作学习是必不可少的，小组合作可以更好地整合和应用所学知识。此外，小组合作中最重要的是让每个小组成员承担责任，并通过小组成员之间的相互合作进一步加深对目标语言和技术的理解。

第五，引导学生进行独立学习。教育的最终目标是培养能够独立思考的学生，因此，每堂课都应该为学生提供独立应用所学知识的机会。一项有效的独立任务应具有及时性，当教师给学生一个独立的任务时，他们必须在一定程度上成功地完成给定的学习内容，并具备独立完成任务的能力。

打造高效课堂是每一位教师的目标，持续地研究、教学和学习也是每一位教师的使命。形成性评价对课堂教学具有广泛的意义，值得所有教师深入研究，研究和开发有效的评价模型是所有教师的职责。

第二节　大学英语教学评价的意义与原则

一、大学英语教学评价的意义

在翻转课堂模式下，科学有效地评价有效促进大学生的英语学习。对于教师来说，科学有效地评价有助于使教师对自己的教学过程有清晰地了解，改进自身的教学手段和方法，搭建师生和谐的互动平台。具体来说，基于翻转课堂的大学英语教学评价具有以下两方面的重要意义。

（一）对教师的意义

对于教师来说，教学评价对克服盲目性、增强教学的科学性、追求有效的教学行为、减少无效的教学行为、提高教学效率和质量等有着举足轻重的作用。总结来说，主要体现在以下四点。

1.及时获取反馈信息，适时调整教学计划

对于具体的教学过程来说，及时获取反馈信息对于教师来说至关重要。例如，当教师讲解完某一篇章或者语法知识点时，学生的眼神或者面部表情就是对教师的反馈。如果大部分学生表情淡定，说明对教师讲解的知识已经有了基本掌

握；如果大部分学生表情凝重，说明对教师讲解的知识还不甚了解。

再如，学生在练习中的正确与错误程度也为教师提供了反馈，如果学生的正确率高，说明他们已经基本上掌握了教师课上所讲解的内容，因此教师需要进入下一单元或新知识点的讲授；如果学生的错误率较高，说明他们对教师课上的内容没有很好地掌握，教师就需要重新讲解。

可见，及时、全面地反馈对于教师来说非常重要。根据反馈信息，教师可以调整教学进度、有针对性地安排教学活动，提高教学的有效性。

2.拉近师生距离，优化教学环境

教学评价能够拉近师生之间的距离，消除师生之间的隔阂，优化教学环境。这是因为，在教学评价中，教师会让学生发表意见，这样师生之间就可以进行交流，了解彼此，从而改善传统紧张的师生关系，增进师生之间的情感。

另外，师生之间的关系改进能够进一步促使他们相互鼓励和支持，营造一个和谐、宽松、活力、民主的教学环境，而这样的教学环境也必然会消除学生的紧张，激发学生的积极性。

3.充实教学经验，增强教学技艺

教师的教学意识、教学行为对教学的质量有直接的影响。教学行为越有效，那么教学效果也就会越好。但是，要想增加有效的教学行为，使无效的教学行为不断减少，首先就需要教师有较高的教学手段和丰富的教学经验。而教学评价是帮助教师提升自己的教学方法、丰富自己的教学经验的有效途径。例如，通过学生的评价和教师自评，教师可以发现自己的缺点和不足，明确教学的重要性和非重要性，从各个层面吸取教学经验，改进教学质量。

4.为教师科学研究提供材料

教师的工作不仅仅是认真完成教学就可以了，还需要教师认真地做学问，也就是搞科研。如果教师只进行教学而不进行研究，那么他们的教学工作就缺乏根基，教学水平也很难提高。教学评价就是教师进行教学研究、提升自我的突破口，通过教学评价教师对自己的教学情况与学生的学习情况有了清晰地了解，并不断积累大量与教学相关的积极因素，从而为教学研究提供丰富的理论依据，指导新一轮的教学工作。

（二）对学生的意义

对于学生而言，教学评价有助于学生发现自己的不足、了解自己的学习过程，从而改善自己的学习情况，促进自己的进步。总结来说，教学评价对学生的意义主要体现在以下三点。

1.发现自己的不足，及时进行改进

通过教学评价，学生可以发现自己的不足，进而对自己的学习情况进行分析，调整学习计划和学习策略，克服自己不良的学习习惯，提高学习效率，使自己成为真正的学习者。

2.了解学习的过程，积极主动学习

学生在学习的过程中往往会将注意力集中于学习结果上，忽视了学习过程。事实上，学习过程要比学习结果重要很多。无论什么事情，如果没有过程，就不会有结果，即过程往往对结果起决定作用。英语学习也是如此，有效的教学评价可以将学生的注意力转向学习过程中，引导学生对自己的学习过程有一个基本的了解。一旦学生了解了自己的学习过程，那么就会积极地参与到自己的学习中，并能够监控自己的学习过程。

3.了解自己的进步，获得成就感

教学评价使学习过程变成了可视的事物，通过对学习过程的审视，学生可以清晰地看清自己的进步及学习轨迹，这样学生就能够获得一种成就感、满足感和自豪感，进而学生的自信心也能逐步增强，学习的动力和积极性也能不断提高。

二、大学英语教学评价的原则

（一）主体性原则

大学英语教学长期存在"费时低效"的情况，其根本原因在于大学英语教学过分重视教授，而忽视了学习，对于标准化与一体化教学过分看重，未重视学生

的个体化差异。在新时代，大学英语教学应突出学生的主体性，需要考虑学生的情感与认知因素，允许学生对学习内容进行自行选择，可以全部承担或者部分承担自身学习的前期准备、实际学习以及学习效果监控与评价等责任，让学生在学习与评价过程中形成一种监控意识。

（二）交互性原则

　　每一名学生都是一个完整的整体，教师与学生的工作和学习目标是不同的，但是彼此之间也不是孤立的状态。教师和学生都是社会互动中的一部分，并且只有融入整个社会体系之中，才能将各自的效能发挥出来。[①] 大学英语学习本身属于一种社会性活动，对大学英语教学模式的探索必然与教师和学生相关，并且师生之间的互动也是大学英语课程教学的核心之一。师生互动对教学活动的质量起着决定性的作用，并且师生之间的交互模式也对他们各自的角色起着决定性的作用。在翻转课堂模式下，师生互动频繁，角色转换，学生从被动的听课角色变成学习活动的计划者、对自己学习过程的调控者、对自己学习结果的评价者。教师的角色也发生了改变，从之前的知识播种者转变成课堂活动的组织者、教学活动的研究者、学生学习的指导者。

（三）全面性原则

　　全面性原则是反映教学评价规律的一项重要原则。所谓全面性原则，是指在确定评价标准并使用评价标准时要注重全面性。我国的教育方针、教学评价规律都决定着要注重评价的全面性。那么，如何在教学评价中贯彻全面性原则呢？这主要可以从以下两点做起。
　　（1）教师在设计教学评价时，应该与教育方针相符合。我国当前的教育方针是使学生能够在德、智、体等层面都得到综合发展，因此教师在设计教学评价时，不仅要注重教书，还要注重育人。
　　（2）教师在设计教学评价时，应该遵循教学评价的规律，对各种评价手段的关系有一个恰当的处理，使教学评价不仅保持了全面性，还保持了客观性。

---

① 韦健.大学英语教学评价模式的发展与创新[M].沈阳：辽海出版社，2018：66.

只有这样，才能保证教学评价更合理，也才能推动教学向前发展。

（四）激励性原则

激励性原则是指在教学评价中应该发挥被评价者的积极性和主动性，从而提升教学质量。《中共中央关于教育体制改革的决定》中就明确提出"开展教学评价应该调动参与教学的教师、学生、管理人员等的积极性，发挥教学评价的激励性原则，反映教学评价的规律。"

因此，教学评价中遵循激励性原则是必然的，那么该如何遵守这一原则呢？具体来说，可以从以下三点着手。

（1）使评价者与被评价者提高对教学评价的认识，使他们主动参与评价。

（2）教学评价必须客观、公正、全面，能够将优劣加以区分，对先进的个人予以表彰，使被评价者能够看到自己的进步，同时也能分析出自己的差距。

（3）制订评价指标时应与被评价者相适应，如果评价指标过高或者过低，都不利于被评价者的学习，也起不到激励的作用。

（五）针对性原则

教学评价具有明确的针对性，往往是针对教学中的具体问题而进行的。对于教师和学生而言，如果一堂课进行得非常顺利，师生之间也配合得十分默契，那么就需要进行教学评价，以帮助教师和学生总结经验，便于推广；如果一堂课进行得不顺利，出现了较多的问题，那么也需要进行教学评价，从而帮助教师和学生解决教与学的问题，便于之后克服这些问题。

此外，如果教师改变了教学方法，也需要进行教学评价，以确定该教学方法是否发挥了作用；如果学生积极性不高，也需要进行评价，以提高学生的自信心，活跃课堂气氛，扭转这一教学局面；如果某节课的内容十分重要，也需要进行教学评价，以确定这一课的内容学生是否已经掌握。总之，教学评估具有极强的针对性，但是它针对的不是积累层面，而是过程层面；不是结论层面，而是诊断层面；不是总体层面，而是具体层面。

（六）多维性原则

所谓多维性原则，是指教学评价应从多个层面、多个角度、多种方式出发来对教学过程、教学成果进行评价。教学评价的多维性主要体现在以下三个方面。

1.评价主体的多维性

评价主体的多维性要求评价主体不仅包含教师，还包含学生及教学之外的人员，如管理者或者研究者，从而确保教学主体的多维性及教学评价的客观性。

2.评价内容的多维性

评价内容的多维性是指评价的内容需要涉及教学要素、教师水平、教学过程、教学结果、学生参与度等多个层面。当然，评价内容的多维性并不意味着每一次评价都包含上述层面，需要根据评价的目的来进行选择。

3.评价方式的多维性

评价方式的多维性要求改变单一的评价方式，而采用多种评价手段，如学生自评、同学互评、观察法、成长记录袋法、专门调查法等。

另外，评价方式既要重视客观、量化的评价方法，也要重视量化和质性评价相结合的方法，以质性评价统筹量化评价。这是因为，量化评价可以将教学过程简化，而质性评价则会让教学过程得以丰富，侧重教学过程的完整性与真实性。

（七）差异性原则

由于受生活环境、家庭背景的影响，每一位学生都会有着自身的个体特征，即每一位学生都存在着自身的差异。另外，在教学过程中，教师对不同的学生也会有不同的指导，这也导致学生的发展存在很大差异。因此，针对这一情况，在进行教学评价时，需要遵循差异性原则。

在教学评价中，教师首先对不同学生存在的不同差异性有一个基本的认可，并根据不同学生的水平和要求来制定不同的学习要求，在这一基础上建立一种和谐、平等、尊重、理解的师生关系，也有利于构建良好的课堂教学氛围。在这样的教学氛围中，学生才能积极地发表自己的观点和见解，在教师的鼓励下充分地发挥自己的个性。

对于中等以上水平的学生而言，教师需要给予适当的指导即可，从而更好地促进学生的长远发展。

对于中等水平及以下的学生来说，教师需要不断地对他们进行鼓励，灵活地运用各种教学手段调动学生的主动性与积极性，最终不断地提高学生的学习能力。

第三节　大学英语翻转课堂教学评价的多元化手段

一、大学英语翻转课堂教学质量评价理念

翻转课堂作为一种全新的教学模式，从教学设计到教学组织都是对传统课堂的一种颠覆。为了使构建的翻转课堂评价体系科学、规范、可行，应充分考虑大学英语的教学特点以及翻转课堂的特点，明确构建思路。

（一）以发展性评价为指导

发展性评价是指通过系统地搜集评价信息并进行分析，对评价者和评价对象双方的教育活动进行价值判断，实现评价者和评价对象共同商定发展目标的过程。传统的教学质量评价中过分强调甄别与选拔的功能，忽视被评价者的进步状况和努力程度，忽视对过程的评价。建立翻转课堂教学质量评价体系的目的，并不是要将教师划分等级，以表彰先进，激励后进，而是为了促进全体教师的教育教学能力不断提升。同时，发展性评价还能有效地发挥和发展学生的潜能，促进全体学生的全面发展。因此，在翻转课堂评价指标的设置上，主要关注的是教师教学设计的科学性、指导答疑的有效性、教学目标的合理性和达成度以及学生的自主学习能力、合作能力、情感态度等方面的培养成效。

（二）以翻转课堂全过程为主线

翻转课堂是现代信息化技术的产物，对师生提出了更高的要求。在翻转课堂的实施过程中，教师课前要关注知识的传递，课中要关注知识的内化扩展，课后还要关注学习效果的转化。另外，学生要在课前自主学习，课中要积极参与问题探究等学习活动，课后还要及时反馈学习效果。只有师生配合默契，认真完成每一步骤，才能保证翻转课堂教学的效果。因此，要将评价融于翻转课堂的整个教学过程中，对课前、课中和课后的各个环节给予恰当的评价和反馈，更好地发挥评价的监控和判断作用。

（三）以学生全面发展为核心

一些高校的学生英语基础比较薄弱，学习兴趣不浓，缺乏强烈的学习动机。实施翻转课堂的目的就是有效提高学生的综合文化素养和跨文化交际意识，培养学生的学习兴趣和自主学习能力，使学生掌握有效的学习方法和学习策略，为未来的可持续发展打下必要的基础。因此，立足于大学生全面发展的需要，关注其学习状态、学习效果及情感体验，鼓励学生进行协作式探究与自主性学习。

二、大学英语翻转课堂教学质量评价体系的构建过程

大学英语翻转课堂教学质量评价体系在构建过程中，需要从学生的学习过程、课堂的教学过程、课后的教学效果等方面进行评价，这就需要打破原来的教学质量评价格局，贴近翻转课堂教学模式，协同课前、课中、课后的关系，实现多渠道、多途径、多方位的综合评价。因此，在制定翻转课堂教学质量评价体系时，主要依据以下几个步骤来完成。

（一）初步确定教学质量评价指标

为了能够反映翻转课堂教学质量的实际情况，在细化评价指标中，一方面参阅相关文献资料，引入多种评价研究成果；另一方面，结合大学英语翻转课堂教

学实际情况，融入自身的评价特点和内容。通过专题组研究和多次讨论，最终确定了"评教"和"评学"的各级指标体系。其中"评教"指标体系包括3个一级指标，8个二级指标，22个三级指标；"评学"指标体系包括3个一级指标，8个二级指标，18个三级指标。

（二）专家咨询与问卷调查

考虑到评价指标体系构建的科学性、可行性、全面性要求，对所设定的初步评价指标体系，引入专家咨询，对该指标内容进行评价，并最终确定专家组成员，包括高校英语教授 1 名，英语专业副教授 8 名和 10 名一线岗位任课英语教师。同时，围绕评价指标体系，通过对学生进行问卷调查，利用李克特量表法，分为"非常同意""同意""不确定""不同意""非常不同意"五种选项，对应5、4、3、2、1 分值，以便于对各个评价指标进行综合衡量。再对专家的咨询调查结果，连同学生的问卷调查结果进行统计分析和处理，得到最终大学英语翻转课堂教学质量评价指标体系。

（三）评价指标的完善与修改

通过对最初评价指标体系的调查与专家咨询，对相关评价指标进行了修改和完善。主要包括以下三点。

一是对"评教"指标体系中的一级指标A3进行修改，变原来的"教学效果"为"课后评价反思"，尤其凸显了教学反思，以便教师根据评价结果调整教学策略。

二是考虑高校大学英语应为专业服务，故增加了"评教"指标体系一级指标中的 C2（教学目标能服务于专业和职场）一项。

三是考虑到自主学习能力的重要性，同时考虑到学生水平的差异，因此增加了"评学"指标体系C19（运用教学平台进行个性化学习）一项。

（四）评价指标权重的设定

本书所设定的评价指标，采用层次分析法，综合定性与定量，对各类影响因素进行分析，以提升指标的科学性。同时，层次分析法选用AHP Yaahp V11.1软件来对各指标维度的权重进行计算，以提升其准确性。根据大学英语教学质量评价指标各维度的层次，第一层为目标层，分别细化为3个评价方向；第二层为准则层，分别包括 B1至B8等内容；第三层为子准则层，即对各指标的解释与参照；第四层为指标层，利用层次分析法，对同一层指标进行两两比较，来探析各指标的相对重要程度，其结果纳入判断矩阵。所选用的量化比较采用1—9标度法，再引入层次分析软件建立结构模型，最后由专家组对各指标得分进行评定和计算。为了得到检验矩阵一致性，如果结果小于0.1，则判断矩阵具有一致性。否则，对矩阵进行修改。在对所有评价指标进行两两比较后，通过一致性检验。最终"评教"指标体系A1权重为0.32，A2权重为 0.37，A3的权重为0.31；"评学"指标体系A1权重为 0.33，A2的权重为0.36，A3权重为 0.31。对二级指标及三级指标权重进行计算，分别得到相应权重值。

三、大学英语翻转课堂教学质量评价指标体系的确定

课题组通过对各项指标权重的计算，并代入来确定其评价指标的重要程度，最终形成大学英语翻转课堂教学质量评价指标体系。结果如表5-1和表5-2所示。

表5-1　大学英语翻转课堂教师教学绩效评价指标体系

一级指标	二级指标	三级指标
A1：课前教学设计（32%）	B1：教学目标（24%）	C1：能基于学生学情分析（32%）
		C2：能服务于专业和职场（37%）
		C3：能增强学生的跨文化交际意识（31%）
	B2：课前任务设置（22%）	C4：课前任务合理，可完成（42%）
		C5：任务求助渠道畅通（28%）
		C6：任务反馈及时（30%）
	B3：学习材料准备（54%）	C7：学习材料多样化（46%）
		C8：学习材料易获取（28%）
		C9：学习材料易接受（26%）

续表

一级指标	二级指标	三级指标
A2：课堂教学组织（37%）	B4：教学方法与手段（39%）	C10：方法适当，启发性强（30%）
		C11：手段符合英语教学规律（25%）
		C12：善用课堂提问，引导学生思考（45%）
	B5：教学组织（61%）	C13：能优化课堂教学秩序，营造学习氛围（32%）
		C14：能观察学生课堂表现，及时答疑解惑（35%）
		C15：专业知识扎实，用语准确流畅（33%）
A3：课后评价反思（31%）	B6：课后任务布置（24%）	C16：课后任务合理，可完成（43%）
		C17：根据英语水平不同，设置分层任务（29%）
		C18：及时反馈任务完成情况（28%）
	B7：学习评价（37%）	C19：过程考核，评价合理、公正（27%）
		C20：有效提高了学生的英语运用能力（35%）
		C21：调动了学生的学习积极性（38%）
	B8：教学反思（39%）	C22：依据学生学习情况，更新教学资源（54%）
		C23：依据教学情况，调整教学策略（46%）

表5-2　大学英语翻转课堂学生学习效果评价指标体系

一级指标	二级指标	三级指标
A1：课前自主学习（33%）	B1：任务完成情况（44%）	C1：认真学习教师提供的学习材料（38%）
		C2：完成课前任务情况（32%）
		C3：获取相关资源（30%）
	B2：学习态度（56%）	C4：积极参加小组活动，乐于沟通（51%）
		C5：积极主动学习，发现问题（49%）
A2：课堂交流合作（36%）	B3：学习成果展示（32%）	C6：积极分享成果，乐于表达（47%）
		C7：语言运用准确、流畅（53%）
	B4：合作精神（37%）	C8：团结合作，乐于助人（52%）
		C9：分工明确，各司其职（48%）
	B5：课堂学习效果（31%）	C10：积极参与课堂讨论（45%）
		C11：能内化知识技能（55%）

续表

一级指标	二级指标	三级指标
A3：课后拓展反思（31%）	B6：任务完成情况（27%）	C12：积极主动完成任务（54%）
		C13：主动总结问题与不足（46%）
	B7：学习效果（35%）	C14：英语综合运用能力提升（35%）
		C15：跨文化交际意识提升（35%）
		C16：创新能力提升（30%）
	B8：学习反思（38%）	C17：合理、公正进行自评和互评（35%）
		C18：能梳理知识点、归纳技能点（22%）
		C19：运用教学平台进行个性化学习（43%）

四、大学英语翻转课堂动态评价体系的构建

（一）动态评价的理论框架

动态评价（Dynamic Assessment，DA），源于社会文化理论，主要对学生的最近发展区予以关注，强调通过对学生学习方面的变化情况进行观察和记录，对学生认知能力的变化过程进行了解。一般认为，评价者通过与学生展开互动，对学生的认知过程与变化情况加以了解，从而探究学生潜在的能力，提供给学生恰当的干预手段，促进学生的全面进步与发展。因此，有人将动态评价称为"学习潜能评价"。

近几十年的大学英语发展进程中，对于该教学体制的评价体系的建立和完善始终是教育者时刻关注的热点问题，为了应对传统的静态评价体系的不足和缺陷，动态评价模式应运而生。动态评价也被称作学习潜能评价，指的是在相应的评价过程中通过评价者的适当介入和评价者与学生的互动来探索学生的潜在发展能力，在这一评价环节中不仅要对学生的个体发展进行全方位评价，还要重视学生最近的发展区，预测学生将来能够怎样发展。众所周知，教师对学生的教育并不是一蹴而就的，这一教学过程是长期的，学生的学习也并非仅仅是阶段式的，而是要将学习贯穿一生，这样才能让自身得到持续的发展和提高。这就要求学生

在自主学习的过程中不断进行自我审视，教师也要对其学习态度以及学习进程进行实时监察，并使用动态评价模式来进行专业的教学评价，方便教师在发现学生的学习有所偏差时能及时对其进行调整，确保课程教学取得更为显著的教学效果。动态评价能够最大限度地接近学生认知发展，能够更好地促进学生进行多维度的自我审视，关注学生的未来发展走向。同时，动态评价能够将评价与教学辅导、诊断培训、矫正方向进行有机的结合，这就凸显了其比静态评价更有针对性且更准确有效的评价优势，动态评价不仅能挖掘学生个体的发展潜能，同时也能为大学英语翻转课堂的教学提供更为丰富的反馈。

（二）大学英语翻转课堂教学的动态评价模式分析

1.利用网络多媒体进行定量测量评价

在大学英语翻转课堂的教学过程中，可以通过网络平台向学生提供更为宽泛的学习形式，把所学的内容通过知识树的形式呈现。通过网络和多媒体技术的支持，教师可以在这一环节中为学生制定相应的学习指南，把学习的主体、目标、方法等内容都传到可供学生自主学习的网络平台上，学生通过网络进行自主学习来完成相应的学习任务，初步达到学习目标。并且，学生可以通过跟随教师所制定的教学指南来进行自我学习方向和学习内容的选定，使学生能够既根据教师的教学目标来学习，同时也可以根据自身实际情况来进行课程任务的完成，这样不仅能帮助学生培养自主学习能力，也能够增强学生的学习动力。与此同时，这一教学环境也能够督促学生进行自我评价，教师也可以对教学方式进行适时调整改进，从而更好地帮助学生掌握足够丰富的英语应用知识。从马尔科夫链的这一动态评估模型可以了解到，要以学习者的学习基础差异性作为评价的前提，并以学习者为评价的整体和中心，以学习者的学习状况迁移即单元测试成绩和学习的时间作为最终的评价量化指标，并在这一过程中进行学习个人能力和学习状态的观察和分析，从而对其未来的学习潜力和能力做出预测。一方面可以很好地实现学习者自身的能力评价，另一方面也可以很好地为教师提供及时的教学反馈，方便师生在网络平台上进行沟通，学生也能够对自身的不足和优势有较为清晰的认识。

2.大学英语翻转课堂教学过程中的互动与互评

在大学英语翻转课堂的教学过程中，教学的定性评价以动态评价里的互动式为研究基础，将教师与学生之间的互动和测评很好地联系起来，并且侧重于以学生的语言应用能力和学习的方法策略为主要评估方向。教师作为这一环节的中介者，在教学的过程中要对学习者进行认知发展方面的有效刺激，并通过互动使学习者能够获得更丰富的经验与知识。在此过程中，这种评价模式能够很好地激发学习者学习的动力，从而获得最高效的学习成果，也可以使得自身在一定程度上获得质的飞跃。在实际的教学实践过程中，任课教师要不断的开展一些可以更好地培养学生协作和思辨能力的课内外教学活动，如一些戏剧表演、演讲、辩论以及PPT制作比赛等，让学生在这些活动中充分展现自我能力和优势，充分发挥自身的潜能、创造力以及想象力，促进学生在这些活动中培养竞争意识，并且能够在参与活动的过程中培养自己的学习兴趣以及人际交往能力。而互评则是学生与教师之间以及学生之间良好互动的另一种形式，这一环节不仅涉及语言能力的培养，也同样包含社交应用能力的提高。在互评这一环节中可以更好地激发学生学习相关知识的热情，从而影响学生的个体发展走向，切实地提高学生的学习兴趣，并且督促学生不断地在反思中提高英语水平。

3.学生学习态度和学习方式的评价

在传统的大学英语课堂教学过程中，学生的学习态度在很大程度上决定了学生的最终学习成果，因此，教师要对学生的学习态度和学习方式进行正确引导，让学生在良好的氛围中提升英语综合运用能力，帮助学生更好地接受英语知识的洗礼。学生在学习的过程当中应不断地调整自身的学习态度，教师在发现学生学习态度不端正时要进行及时的引导和安抚，对其中一些学生的学习抵触心理要进行及时的纠正和开导。学生只有拥有一个良好的学习心态才能为后续的学习奠定坚实的基础。一般情况下，学生在长期接受某种教育之后都会产生一定程度的厌烦情绪，而这种情绪若是不能得到很好的抒发和排解，就会成为学生在学习进程中极其危险的阻碍因素。因此，教师在对学生学习心态和学习方式这两方面进行严格且及时的评价，并通过评价数据进行分析，能够更好地帮助学生进行英语知识的掌握和运用。

4.进行多维度评价指标的设定

在大学英语课堂的教学评估体系中，要不断加强学生与教师之间的参与，并且进行多维度评价指标的设定，以学生的全面发展为实际出发点，综合考虑大学生的实际学习情况，从而构建一个更合理的指标框架，对教师的教学理念和教学

　　方法进行合理分析并指出不足，并且要及时督促教师进行自我管理模式的修改和提升。教师也可以根据学生的实际学习情况以及课堂教学的实际成效，对教学大纲的完成情况有清晰地掌握。同时在这种多维度的教学评估模式下，教师能够更有效地加强与学生间的互动，并促进课堂教学中学生与学生之间的互动，综合提升教学效果。由于社会对人才的要求不断提升，大学英语教学目标与需求也在不断更新，因此英语课堂教学评估这一环节也需要不断地改革与发展。

第六章

翻转课堂应用于大学英语教学的师生能力发展

当前，网络技术对人们的生产生活产生了巨大的影响，对于传统的教学方式、教学理念等产生了强烈的冲击，这给大学英语教学带来了新的活力。随着大学英语教学的不断改革与进步，学生逐渐确立了自己的主体地位，因此在教学中教授给学生学习技巧是非常重要的。在翻转课堂教学模式的指导下，大学教师应该不断提升自身的能力和素质，同时学生也应该正视自己学习中的问题，找准解决问题的对策，不断培养自身英语学习的兴趣。本章就来具体分析翻转课堂应用于大学英语教学的师生能力发展。

第一节　大学英语教学中的师生问题

一、大学英语教学中的教师教学问题

（一）教师应用信息技术的能力欠缺

在信息丰富的教学环境中，每个学生在学习过程中都可能会产生各种出乎意料的情况和问题，教师必须能够随机应变并熟练驾驭各种信息技术。计算机作为现代教学的工具，在现代大学英语教学模式中的地位越来越重要，也就要求广大教师掌握好计算机技术，为现代化大学英语教学打好基础。此外，还要增强信息技术的应用能力，主要包括对信息技术重要性的认识，对信息的判断、选择、整理、处理的能力，以及对新信息的创造和传递的能力。同时，为提高课件制作的数量和质量，适应多媒体大学英语教学的需要，教师需提高课件制作水平，内容包括photoshop、powerpoint、微课程制作、多媒体素材的采集等。

（二）教师自身教学的组织能力不足

大学英语教学的开展与教师的教学思想和方法是分不开的。信息技术应用于大学英语课堂，不仅仅要求教师掌握信息技术基本技能，更重要的是要改变原有的大学英语教学观点和思想，改变传统的大学英语教学模式思想，提高教师的大学英语教学理论素养，向现代教学模式中的教师角色转型，要树立新型教师角色。

教师应该认真钻研大学英语课程内容，明确课程开发的意图和体例及局部和整体的联系。教师只有在熟练掌握大学英语教材内容的基础上，才会有多余的精力去考虑学生的各种情感和心理需求，最终使学生在情感需求处于良性状态时获得最佳的学习效果。

（三）教师不具备创造性的教学智慧

信息化时代的英语学习本质上是教师智慧融入网络学习空间，对于大学英语教学来说就是教师智慧融入平台，学生智慧融入平台。教学智慧是教师面临复杂教学情境时所表现的一种敏感、迅速、准确地判断与行动的综合能力。教学智慧展示常常伴随着教学过程中的方法、内容、技能等，使大学英语教学成为一种艺术。有人把教学智慧比喻为"跳荡在教学情境中的灯火"，意指教学智慧的偶然性、个别性、特殊性与不确定性。

大学英语课堂教学是一个教师对多个学生，学生提出的问题具有多样性和变化性，这就要求教师具有灵活性和随机应变的教学智慧。教学智慧就是面对千变万化的实际教学情境，在大学英语教学活动中处理预设与生成关系的智慧。教学智慧是教师施教的根本，凭借其神奇的光焰，点燃学生的灵感和创造的火花。教学智慧是不可学习与传授的，而是将原则反省的普适性和感觉的特殊性结合在一个特殊的教学情境中，其践行本身就是目的。学校集体成员可以朝夕相处，相互观摩，共同切磋，相互启发，相互帮助。大部分教育心理学家都认为，主动学习的效果要胜于被动学习。

（四）教师不能创新开展多种教学活动

教师要考虑大学英语课堂教学与网上学习两类活动的协调设计与互补，如何更好地设计整个教学流程，从而促进大学英语教学优化及学习效率。

首先，信息化时代的大学英语教学的实施需要建立一个团队，由组建的专业教师工作团队整合专业相关的教学资源，遵循教学资源内容短小精悍的原则，定期更新订阅号信息，通过网络教学平台、微信公众号、手机远程直播平台公众号助手的群发功能，将教学资源信息快速及时地推送到学生的手机等移动终端，使其能有效地辅助课堂教学。不论什么教学平台，平台教学资源涵盖了多少内容，教师资源永远是教学资源中最核心、最具活力的因素，要鼓励专业教师积极参与公众平台的运作，一定不能忽视教师的指导作用。要组建专业教师工作团队专门负责远程直播平台工作，及时管理远程直播平台。

其次，教师要想提高大学英语课堂教学的质量，就要对整个教学过程进行有效控制。教师的指导作用不能弱化，教师要对学生课前、课堂、课后这三个阶段的学习进程进行控制，通过多媒体课件或板书呈现，根据学生的反应适当调整教学进度，改进教学方式。教师应发挥教育者的群体智慧，精心制作微课程，设计开发基于平台的微课程，确定学习者资源和学习任务的发布方式，对学生平台的提问进行合理的解答，并及时发送出去；通过平台，对学生的学习情况进行监控，加以记录和分析，以便应对后面的挑战。

最后，教师还要在网络上实施一系列的大学英语教学活动。教师的角色不再是一名教师，而更像是一名顾问或是教练。教师将较少关注对知识内容的确定和传授，教师的主要精力将放在对学生的主动学习过程进行鼓舞、激励和管理上。

二、大学英语教学中的学生学习问题

（一）学习焦虑

1.英语口头表达焦虑

口头表达焦虑是指口语表达者在没有安全感的情况下，由于表达水平有限或者受到紧张氛围的影响而引起内心焦虑不安，导致交际无法正常进行。这种情况在英语学习的初级阶段比较常见，有时也会发生在中、高级阶段。

英语基础较为薄弱的学生开口表述本来就存在一定的困难，再加上气氛紧张、沉闷或压抑，表述时势必感到焦虑。感到焦虑的学生其想法不外乎以下几种：第一，自己不如别人。第二，讲不好失面子。第三，沉默是金。其典型的心理活动如下：

——我不习惯用英语回答问题。

——想到要用英语表述我就紧张、惶恐。

——那么多人盯着我，我很不自在。

——我害怕老师叫我单独回答问题。

——我现在不行，等适应了环境再慢慢争取机会。

2.英语领会焦虑

学生在听的过程中，不能充分发挥心理机制的作用，出现一些难以克服的困难，如领会困难。由于领会困难，学生在语言交际或课堂师生交流过程中，听不懂，跟不上，自然而然产生一系列的消极心理，我们称之为焦虑心理。例如：

——听到讲英语我就头发麻，心发慌。

——我实在是每个字、每个词都注意到了，还是听不懂，真不知怎么办。

——我在听和领会方面实在是无能为力。

——听不懂真是活受罪。

——我对自己失去了信心。

——为什么别人都能听懂，而我却不行。

——反正听不懂，跟不上，不如做点别的事。

领会焦虑在语言交际或课堂学习中常以下列形式表现出来：

（1）恐惧、害怕参与交际或与教师、同学进行课堂交往，进而发展到害怕上英语课，特别是听力课。

（2）烦躁不安。学生听不懂，抓不到重点，心烦意乱，坐立不安。

（3）抵触。学生因听不懂、跟不上而赌气。跟自己赌气，放弃交际和交往；跟老师赌气，摔钢笔、课本，不交练习，怨恨老师；或拿公共财物赌气，将课椅弄坏，在墙上乱涂乱画，以发泄心中的不满。

3.英语考试焦虑

考试焦虑是一种由于害怕失败而过于担心考试成绩的情感。英语考试一直贯穿于学习的各个阶段，即便是平时成绩不错的学生也有可能在考试中发挥失常，因此考试焦虑现象普遍存在。

（1）一般考试焦虑

不管是常规的还是非常规的英语考试，都会带给学生一定程度的心理压力，从备考阶段到成绩公布的整个过程，学生时刻处在一种焦虑、心慌的状态下，一般可以概括为：

复习期间的担忧心理。英语考试题型众多，知识涵盖面广，基本不会组织系统复习，不划定考试范围，而且听力和口语测试也带给学生很大的压力。要应对英语考试就要全面掌握听、说、读、写、译五项基本技能。学生在备考时，常因为复习内容太多而不知如何下手，不清楚考试重点和学习要领，这种盲目复习加重了学生内心的紧张、焦虑。

考试中的紧张心理。英语考试题量较大，相比其他考试，时间更为紧迫。学生很容易因为考场严肃的气氛而感到恐慌、不安，伴随出现无法集中注意力、视听困难、思维混乱等情况，不能发挥自己的正常水平。有的同学由于紧张甚至会出现手发抖、忘写姓名的情况。

交卷后的懊悔心理。学生交完试卷，走出考场，发现没有把握重点，大意失分，责怪自己平日没有好好学习，悔恨自己由于过度紧张而没有答完。

成绩公布前的焦躁不安心理。结束考试后，学生以一种急迫、不安、期待的矛盾心理等待成绩公布。成绩好的学生关注自己是否发挥了实际水准，是否能稳住排名。成绩一般的学生想知道自己是否有进步，排名有没有变化。基础较差的学生担心自己能否及格，排名是否进步。

（2）统考焦虑

英语是所有学科中统考最多的课程，在各个英语学习阶段都有相应的全国性质的考试。

统考是一种全国性质的考试，可以说从实施以来就对英语教学起了一定的推动作用。在我国高校学生学习中，大学英语四、六级和专业英语四、八级这两种统考有着十分重要的地位。考生逐年增加，考试成绩也逐年提高。由于统考在广大考生心中地位非同一般，所以大多数学生都会出现不同程度的焦虑心理，主要可以分为以下几种情况。

①不知所措。由于学生自身对统考了解并不深入，加之家长、教师过分夸大统考的意义和难度，导致部分考生对统考有一种"遥不可及"的初印象，在心理上产生恐慌、焦虑。面对统考，部分学生无所适从，不知道从哪入手，紧张情绪进一步影响其学习效果，慢慢地就会形成恶性循环。

②情绪表现失控。在考试前很长一段时间，有些考生都一直陷在低迷的情绪状态，他们对周围的一切都失去兴趣，很少与教师、同学联系，几乎不去参与各种文化活动。虽然对英语感到迷茫、无奈却也不敢出现一点松懈，所以就使自己在焦虑与痛苦之中无法自拔。

③生理机制失调。由考试引起的焦虑、紧张在生理上有十分明显的表现，如出现神经衰弱、食欲缺乏、记忆力下降、精神涣散、头晕恶心等，一些情况较为严重的同学甚至还需要进行休息调理。

（二）学习拖延

学习拖延作为一种特定情境下的拖延行为，一直以来都被人们所憎恶。家长和老师们憎恶学习拖延，认为正是学习拖延导致孩子们学业成绩不佳，学习拖延是学习者表现不好的罪魁祸首。但是，随着近年来对拖延问题研究的逐步深入，研究者逐渐认识到，学习拖延其实是涉及行为、情感、认知等各方面的心理问题，非常复杂，不能简单地把学习拖延归结为学习者学习结果的唯一根源。

一般而言，人们都会认为学习拖延不利于学习。具体来说，有以下几点：

1.造成学业成绩不佳

学习拖延会导致学生学业成绩不佳。学生在准备考试时拖延，无法充分备考，会直接导致考试成绩不佳，甚至考试不及格。学生平时学习拖延，教师布置的学习任务没有按时完成，会影响听课的效果，进而影响学生对基础知识的理解和吸收，最终体现在期终考试成绩上。考虑到期终考试评价方式的局限性，现在学校里普遍实行形成性评价，学生平时的作业与论文都会与最终考评相联系，因此，平时作业和论文拖延也会影响学生的成绩。

2.带来不良的情绪影响

学习拖延行为会导致学习任务无法完成，或者虽然完成但远远落后于规定进度，再加上考试成绩不佳等后果，导致拖延者产生沮丧、抑郁、焦虑等不良情绪，不良情绪又会加重学习拖延，从而形成恶性循环。

3.降低自尊和自我效能

学习拖延除了会使学生受不良情绪困扰以外，其带来的学业上的失败还会使学生产生挫败感和无助感，严重影响学生的自信心和自我效能感，会降低他们的自尊，使他们怀疑自己的能力，影响以后的学习生活。

4.影响身体健康

学习拖延给学生造成了不良情绪，在心理上打击了学生的自信心，学业失败给学生带来巨大的精神压力，容易引发身体和心理健康问题。

（三）学习情感障碍

学习情感障碍具体表现为焦虑、厌倦、恐惧、紧张、冷漠等。通常情况下，如果学生心理压力很大，思想过于紧张，势必会使其学习效果大打折扣。

1.担心否定的社会评价

有些学生害怕给老师、同学们留下负面印象，为了维护自身形象而采取消极态度面对各项课堂活动。

（1）逃避。学生十分关注自身缺点，担心自己无法回答教师的提问，而最终选择放弃。

（2）白日梦。学生因回避课堂活动，心不在焉，放任想象天马行空。他们从外表看表现得文静、守纪，但内心想入非非，心猿意马。教师向其提问时，仿佛没有听见，毫无反应，或者要其回答课文上的问题时，半天找不到地方。^①

（3）过分依赖。学生缺乏自信，一味地依赖教师或班上同学。特别是在学习遇到困难时，望而生畏。作业难度大，完不成，不是积极思考，努力想办法，而是等待老师的讲解，同学的帮助。练习做不出等着对标准答案；作文写不出，等着参看范文。

2.存在挫折心理

（1）攻击

有些同学对班上英语成绩好的同学不服气、看不惯，认为他们在课堂上积极发言是爱表现、出风头。老师对成绩优异者稍加指导或偶尔与他们多交谈一会，便认为老师不公平，偏爱好学生，看不起成绩不好的学生，因而有时攻击老师和成绩好的同学，获得心理上的平衡。

（2）冷漠

有些学生在英语学习过程中受了挫，产生冷漠心理，对英语提不起兴趣。他们认为，反正学不好，不如把精力花在其他功课上。上英语课、做英语作业或参加英语考试时勉强应付，马虎了事，缺乏应有的热情和兴趣。

（3）固执

学生英语学习不好，有很大一部分原因是方法不对，但一些受挫的学生心理上并不灰心，也不服气，认定自己的方法是行之有效的，固执己见，我行我素。而且有什么想法埋在心里，不愿外露。学习上呈闭锁性，孤芳自赏，自以为是。

（4）逆反

学生考试不及格或课堂语言实践中自尊心受到了伤害，产生失败者心态。对

---

① 文卫平，朱玉明.外语学习情感障碍研究[M].西安：西北大学出版社，1998：62.

学习无兴趣，对老师的感情表现淡漠，采取封闭和疏远态度，甚至产生对立情绪，不接受正面的教育和影响，不按教师的要求或课堂要求行事，心里和老师同学对着干。如该交作业的时候不交作业；该发言的时候不发言，而不要求讲话的时候却念念有词，埋怨老师、同学不给其机会。

3.存在苦恼心理

第一，学习方面的苦恼。一些学生在学习方面有下列烦恼：觉得有些学科没有意思，有些学科总是学不好；自己花了时间，成绩总是上不去；教师讲课枯燥无味，但又不得不去；作业不会做，但无从问起；基础差，底子薄，赶不上别人；成绩差，无人关心；学习不得法，又无人指导；考试太多；课业负担太重；学习条件差。

第二，学校生活方面的苦恼。在学校生活方面学生常因一些无法克服的矛盾引起内心不快，如校园生活单调、枯燥；个人兴趣、爱好受到抑制；班级学风不好，影响学习；做了好事或工作积极却得不到理解；学习刻苦、成绩好却受到孤立。

第三，家庭生活方面的苦恼。来自家庭的压力，也使学生情绪受到干扰，如家庭经济困难，负担重；家庭关系不和睦，经常发生争吵；父母不理解自己，一味强调学习；父母在自己学习就业问题上无能为力。

第四，同学朋友关系方面的苦恼。学生在交友过程中常生出不少苦恼，如没有人理解自己；朋友不忠实；学习不好，同学看不起自己；和同学相处不好；得不到同学朋友的帮助。

第五，师生关系方面的苦恼。如老师偏心、不公正；老师不关心学生，冷漠；老师粗暴，缺乏爱心和耐心；得不到老师的关心和尊重；不能和老师坦率地交谈；师生交往少。

学生对于自己的苦恼是如何处理的呢？一般有以下四种情况：

第一种情况：自己解决。例如，跟要好的同学讲，一吐为快；或告诉老师、家长，及时排遣。

第二种情况：置之不理，听其自然。

第三种情况：没有办法，干生气，或者忍着，窝在心里。

第四种情况：以报复、顶撞的方式发泄。

很明显，第三种和第四种处理方式带来的问题及负面效应较大。

第二节　基于翻转课堂的大学英语教师的能力与素质提升

一、基于翻转课堂的大学英语教师的能力

教师的专业能力是教师在教育教学活动中表现出来的，决定其教学效果，并对学生身心发展有直接而显著影响的思想观念、学识能力和心理品质的总和。新课程的实施和推广对英语教师的能力提出了新的要求，下面就对高校英语教师的专业能力作系统的分析。

（一）知识能力

1.扎实的基础能力

基础能力是英语教师能力的起点，并贯穿于整个教学职业生涯中，其中包括注意力、观察力、想象力、记忆力、逻辑推理能力、归纳能力、分类能力、交际能力等。有实践表明，教师的基础能力越深厚，则适应能力越强，在解决教学、科研、实践工作中出现的问题时越得心应手，同时也蕴藏着较大的创新潜力。除一般的语言表达能力外，英语教师还应具备在教学中运用英语传递信息、与学生进行交流的能力，这有利于为学生创设一种真实的英语学习语境，让学生切实感受到英语的趣味性和交际性，在日常学习中提高自身的英语交际能力。此外，英语教师还需要与学生、家长、社会之间建立良好的沟通关系，这也是新课程标准提出的新要求。

2.宽广的相关学科知识

作为英语教师，不仅要有深厚的专业知识，广阔的视野，独特的见解，还应熟悉与本学科密切相关的其他学科的基本知识。不同学科之间的关系已不再像以前一样相互独立，界限分明。随着科学技术的发展，信息交流出现了跨学科性和群体化的特点，知识与技术密切相关，学科发展具有横向关联性、交叉性和综合性的特点，并不断出现新的学科。新学科的产生对教师提出了新要求，英语学科

知识也随之需要更新改变，因此教师要博览群书、广泛涉猎，关注社会发展，掌握宽广的相关学科的基本知识。

3.必要的教育理论知识

除基本能力和相关学科知识外，英语教师还应掌握必要的教育理论知识，主要是教育学、心理学的基本知识和英语教育的基本规律、基本特征。英语教育的基本规律和特征为学生的教育和培养问题提供了理论依据。英语教学是一个长期的并且十分复杂的过程，涉及诸多方面，比如如何促进学生发展、如何使学生更好地成长、怎样建立与家长的关系、怎样处理与同事和领导的关系等。教师掌握必要的教育理论知识能在教学工作和实际生活中减少一些麻烦，使教学和教育工作更加顺利和富有成效。

（二）教研能力

1.教学能力

教学能力是指英语教师组织教学和实施教学的能力，主要包括四个方面：

（1）运用教材的能力。教材是英语教育的根本依据和工具，英语教师必须对英语课程的教材非常熟悉，充分理解教材，在正确把握教材特点的基础上，理解其重点和难点，真正做到教材为教学服务，这样才能在教学过程中得心应手。这与渊博的专业知识和深厚的教学经验密不可分。

（2）语言和书面表达能力。教师的语言是知识传授、理论讲解、疑难解答的工具和媒介，是课堂教学最常用的手段。英语教师良好的语言表达能力不仅能使学生对知识的理解更加清晰透彻，还能让学生注意力更加集中，对英语的学习兴趣也会大大增加。在课程开始之前的备课，教学过程中的板书，修改作业时的批语都要求教师具有良好的书面表达能力，其是学生正确理解教学内容的有效方式。简练的文字、简笔画、符号、线条等都可以为学生呈现教学内容。

（3）组织教学能力。教师在设计教学活动时需综合考虑学生的实际水平，能够根据不同的学生或不同的班级设计不同的课堂活动；以学生的兴趣为出发点，设计趣味性的教学活动以调动学生参与课堂的积极性，激发求知欲，帮助学生提高实践能力；具有目的性，与教学内容紧密结合，主题明确，特色鲜明；可操作性强，充分考虑实际教学情况，重视对活动的组织和调控，预测活动开展过程中可能遇到的各种情况，并针对这些情况制定相应的对策。

2.科研能力

科研能力是高校英语教师必须具备的能力。科学研究可以促进教学的开展，教学的开展又能带动科研的进步，在教学中发现问题，在研究中解决问题，可以有效地提高教师的综合素质能力。

（1）高校英语教师要具备一定的科学开发能力和对英语教学的研究能力。教师要能主持科技项目，能跟踪本学科的发展方向，运用所学知识解决教育教学中遇到的实际问题，提高教学质量，促进学生发展。通过科技项目开发，提高教师的学术水平，促进产学研三者有机结合。同时，英语教师也是英语知识结构、教学内容和教学资源的改造者，积极参与教学过程，改变课程体系和教材体系中不适应改革新趋势和新要求的内容。

（2）高校英语教师要具有通过科研来提高教学水平的能力。教师要通过科学研究，不断丰富、加深和更新自己的知识，活跃学术气氛，提高学术水平，从而深化、丰富教学内容，并提高教学的能力。教师要用自己的科研思想影响学生，通过在教学中提出新课题，激发学生强烈的求知欲和创新欲，促进学生科研能力的提高和创造性思维的培养。

（三）实践能力

实践能力是高校英语教师必须具备的重要能力之一，指的是英语教师所具有的能动改造能力和从事英语教学的能力，如信息技术的操作、教学工具的使用能力等，具体表现为实际运用能力和指导实践教学能力两部分。

（1）实践运用能力是指英语教师在撰写英语文章、撰写学术论文、编写教材、阅读英语文献、进行学术交流、发表英文著作或进行翻译工作时利用英语解决问题的能力。学术交流、知识贡献是英语教师的重要职责，教师通过归纳总结科研成果、教研心得，推动教学发展，同时在了解当前学科的前沿和动态的过程中，看到自己存在的差距和不足，促进学术水平的提高。

（2）英语教师要具备实践教学指导能力。通过"言传身教"，英语教师的语言运用能力对学生的语言学习产生直接的影响，渗透在英语教学实践过程中。听、说、读、写、译综合运用能力的培养与教师的实践指导密切相关。"听"是教学双方互动的活动，教师要能清楚地判断学生的发音是否正确、语调是否标准、语句是否符合逻辑、表达是否得体，同时纠正学生的不恰当之处。教师清晰、流利、地道地"说"为学生创设真实的语言环境，具有示范性的作用，有利于提高学生的口头表达能力。学生阅读能力的高低直接影响着英语教学质量和英语综合能力的提高，阅读素养的养成和阅读能力的提高，是靠学生大量的、不间断的训练和英语教师恰当的教学方法来实现的，为了切实有效地抓好英语阅读教学，促进学生阅读能力和效果的不断提高，教师要经常性地给学生推荐一些阅读作品、帮助学生制定阅读计划、给学生提出目标和任务，每周挤出一个课时的时间给学生提供相互交流、相互学习、相互促进的平台，并借此机会向学生介绍成功的经验和技巧：如何根据上下文猜（推）测词义、如何使用工具书、如何排除阅读障碍、如何从段落中找主题句、如何略读与跳读等。翻译教学应从语境出发，以语篇为单位展开，教师还应根据各专业、各级学生的实际情况，适时地向学生输入英语的词汇、语法、文化等方面的知识，并且深入浅出地向学生渗透功能语言学的相关理论知识，继而根据不同的语篇类型，逐步对各专业、各级学生的翻译实践分类指导。

二、基于翻转课堂的大学英语教师的素质

（一）语言素质

大学英语教师首先在语言上必须有较高的素养，也就是说，英语教师要具备英语语言综合水平。英语教师的语言素质包括扎实的语言专业知识和较高的语言技能。要想顺利地开展英语教学工作，英语教师不仅要具备系统的英语语音、词汇和语法知识，还要有良好的听、说、读、写、译能力。在英语教学过程中，教师要想传授给学生足够的语言知识，必须自己先具备充足的知识。总之，教师的语言素质是开展英语教学的基本保障，教师的语言素质高，才能有效、全面地使用教材，更能帮助学生解决各种语言学习上的问题。

（二）师德素质

师德是大学英语教师必备的素养，也是英语教师从事教育活动的核心要求之一。教师的师德具体体现在对学生的热爱、对事业的忠诚、对教学执着的追求和人格的高尚。与此同时，教师的师德直接影响着学生的成长。因此，英语教师在

日常的工作中要有积极的信念，更要有科学的世界观、人生观、价值观，并忠于人民的教育事业和爱岗敬业的奉献精神以及热爱学生。可以说，英语教师只有先懂得奉献、具有责任感，才可能实现言传身教。

（三）心理素质

心理素质是对人的性格、情感和意志的总体反映。随着社会的发展、科技的进步，英语教师除了要面对繁重的课业压力，还要关注学生的生理和心理健康，所以教师必须提高自己的心理承受能力，培养自身良好的心理素质。具体来讲，英语教师应该从性格、情感、意志三个方面培养自己的良好心理素质。

1.性格

教师的性格对课堂氛围、班级气氛、学生学习的积极性等有着直接的影响。通常，性格外向、充满激情的教师所组织的课堂也会更有张力，在这种气氛下学生的学习也更有热情，学习效果也会更好；而性格内向、保守的教师，其教学模式往往比较陈旧、固定，课堂也会比较沉闷，很容易影响学生的兴趣。作为一名英语教师，最好既能外向活泼，也能沉着冷静，这样才能让课堂既生动活泼，又井然有序。

2.情感

教师是为学生服务的，所以教师应热爱教育事业，甘愿为学生付出。大学英语教师肩负着引导学生健康成长的重责，所以其必须具备强烈的责任感和责任心。教师要以真诚的态度对待每一位学生，表扬和鼓励学生的进步，指导和分析学生的问题。教师要热爱自己的学生，对所有学生一视同仁，不可以学生成绩的高低作为评判学生好坏的唯一标准。在课下，教师也应该投入时间和精力观察学生的性格特点，多给予学生一份关爱，努力与学生建立良好的师生关系。

3.意志

在具体的教学过程中，教师会遇到各种问题和困难，所以教师要具备解决困难的勇气和信心。因为英语教学工作是一项持久的、不可任意中断的教学工作，所以需要教师必须有持之以恒的精神和意志。与此同时，在教学过程中，英语教师还要具备不断发现问题和解决问题的能力，这也属于对教师意志上的要求。

（四）以学生为中心的教学意识

在现在的大学英语教学模式中，所有的学生形成一个多元文化语境，他们来自不同的地区，具有不同的成长背景，这就使得他们有着不同的接受能力、不同的思维方式等。如果教师对所有学生的教学都采用"一刀切"，那么必然会削弱学生学习的积极性与主动性，也势必会导致教学效果不佳。

在翻转课堂教学模式下，教师应该"以学生为中心"，教师自身的角色也应该发生改变，从原本对课堂的控制者转变为对学生英语学习的辅助者，同时对待每一位学生都应该保持平等、公正的姿态。教师要认识到不同学生的文化差异与多样性，对不同的学生采用不同的方法，使学生成为教学的主体，展现自身的个性，从而更好地在多元的环境中习得英语这门语言。

（五）驾驭教材的素质

教学的开展离不开教材，教材是教学开展的基础，也是教学内容的重要载体，所以一名优秀的英语教师应该能熟练驾驭所使用的教材。具体而言，大学英语教师应具备对教材的使用和评价两种能力。

1.对教材的使用能力

（1）补充或删减教材内容

英语教师在使用教材时应该能根据实际的教学情况，对教材的内容作适当的补充或删减，以便更贴近学生的实际生活，满足学生的需要。这里的补充或删减并不是任意进行的，而是要在保证不影响教材完整性和系统性的前提下进行。必要的时候，英语教师要与学生进行协商，决定是否补充或删减某些内容。

（2）扩展教学内容或者活动步骤

并不是所有教材中的教学活动的难度都与学生的水平相符，当与学生的学习水平不符时，就会导致教学效果不佳。因此，教师有必要根据英语教学的具体情况和需要，适当调整教学活动设计的难度。如果教师认为教材中教学活动设计得太容易，那么可以对活动作适当的延伸，如在阅读理解的基础上，增加词汇训练、展开讨论或辩论，甚至可以进行写作训练等；如果教师感觉英语教材中教学活动设计得太难，那么也可以适当扩展活动的步骤，增加一些有提示性的步骤，降低活动的难度。

（3）调整教学方法

受客观条件的影响，学生的英语水平存在较大差异，加之教学的具体情况不同，英语教材中推荐的教学方法并不适用于所有的学生和教学实践。此时，教师可以根据学生的特点和具体的教学情况，对英语教学的方法进行调整，以获得更好的教学效果。

（4）调整教学顺序

英语教材中安排的教学顺序并非全都合理，对此教师可以结合教学实际情况进行调整。为了提高学生的英语学习动机，教师在调整教学顺序时应将教学内容与社会现实生活联系起来。此外，教师在调整教学顺序时，应注意教学内容之间的关系，遵循循序渐进的原则，不可随意调整。

（5）对教材使用情况进行总结

在教学进行一段时间之后，教师应对教材的使用情况进行总结，以发现该教材使用的效果。在对教材的使用情况进行总结时，英语教师应考虑以下几个方面。

其一，教师和学生是否满意此教材。

其二，使用此教材进行教学是否达到了设定的目标。

其三，使用此教材是否有利于提高英语教学的效果。

其四，此教材有哪些优点和不足。

其五，此教材的哪些方面需要进行调整。

2.对教材的评价能力

学生在学习英语的过程中除了使用英语教材，还会使用一些辅助材料，这就需要教师具备一定的教材评价能力，帮助学生选择合适的教学材料。大学英语教师的教材评价能力体现在以下几个方面。

（1）教学的指导思想

在评价教材时，教师应该先评价教材体现的教学指导思想，分析其思想是否与学科的最新研究成果相吻合。教学指导思想具体涉及对语言的认识、对语言学习的认识以及对语言教学的认识。

（2）教材内容的选择与安排

教学内容的选择与安排往往会决定教师要教什么和学生要学什么。教材内容的选择与安排应该以英语教学的目标——培养学生综合运用语言的能力为基准。然而，英语语言能力的形成是以基础语言知识、基本语言技能、学习策略、情感态度、跨文化意识以及英语能力为基础。因此，英语教材中必须涵盖以上内容。

英语教师评价教材的内容应该看其是否符合语言学习的基本规律。

（3）所采用的教学方法

英语教学方法决定了教师要怎么教和学生要如何学，它可以为教材内容的选择、安排以及教学活动的设计提供具体依据和参照。因此，教师在对教材进行评价时，要看其是否体现了先进的教学方法。当然，教材编写应该主要以某种教学方法为基础，同时吸收其他方法的长处。

（4）教材的组成部分

一套完整的英语教材应该是由教师用书、学生用书、练习册、多媒体光盘、录像带、录音带、卡片以及挂图等组成的立体化教材，这些部分各有侧重、各有特色，构成了教材有机的整体。

（5）教材语言素材的真实性、地道性

英语教材中选择的语言要与现实中使用的语言基本一致，具备真实性、地道性。

（六）信息素质

在所有素质中，信息素质是一个不可忽视的方面。因此，各国教育界都特别注重对个人信息素质的培养，很多国家从中小学起就抓孩子的素质教育。然而，对于中国来说，信息素质教育的起步较晚。很多资料表明，我国高校教师的信息素质已无法适应当今教育信息化对高等教育发展的需求，与发达国家相比，存在巨大差距。新时代大学英语教师应具备以下几个方面的信息素质。

（1）教师应该对信息、信息社会、教育信息化有基本正确的理解；关心教育信息化的进程，积极投身于学校教育信息化的工作中。

（2）教师应该认识到获取信息资源对教育工作的重要性，能确认自己的信息需求，灵活地通过各种渠道迅速地获取有效信息。

（3）教师可以有效地吸收、存储、快速提取和发送信息，能够较好地管理自己搜索到的或生成的信息。

（4）教师可以准确、高效地解读信息和批判性地评价信息，可以将信息应用于批判性思维。

（5）教师可以对相关信息进行有效整合，创造性地使用信息解决问题，能够用尽可能多的表达方式表达、呈现自己生成的新信息。

（6）教师要具备较强的信息道德意识和信息安全意识。

三、基于翻转课堂的大学英语教师能力与素质提升的路径

（一）提升信息技术应用能力

首先，教师要具备信息搜索的能力。教师要了解微课慕课的有关内容，网络上已经存在很多有价值的课程素材，只要根据需求进行筛选和应用就可以节省大量准备教学资料的时间和精力；教师还要学会对相关软件的运用，比如教学视频、教学课件和讲义等。[①]

其次，教师要具备多媒体应用技术。教师要能够运用信息技术方法来掌握学生课前准备状况。例如，视频任务的完成状况，学会运用信息技术和学生进行互动与讨论。如果网络资源无法满足教学需求，教师必须亲自录制教学视频，制作多媒体课件，设计最佳的展现方式。

最后，教师要通过现代信息技术方法来充实教学内容与教学方式，例如，结合视频音像等创作出精良的多媒体课件，以增加课堂的趣味性与直观性以及灵活性。

（二）树立终身学习的理念

首先，教师需要根据自己的专业和研究类别，掌握所教授学科知识内容的总体框架，并了解各重点内容的结构，使各种知识在教学过程中有机地融合在一起。

其次，从学习内容的角度，教师需要关注可用于教学的先进信息技术方法和教学理念的最新改革。教师除了掌握所传授的专业知识外，还应不断提高自身的人文知识，并努力提高自己的动手实践能力。

最后，从学习习惯来看，教师要养成主动学习、独立思考的良好习惯，并带头实践。教师应该有积极主动地学习和思考的态度，始终保持积极的状态，不断为学生创造在各种学习情境下需要的各种条件，引导翻转课堂中的角色

---

① 张丽丽.大学英语翻转课堂教学模式下教师角色的转变[J].科教导刊（电子版），2022（10）：276-

277.

转换。①

　　总之，翻转课堂作为一种全新的课堂教学模式，延长了课堂学习的课外时间，更加注重学生的自主学习和自我提升，这是对知识获取过程和课堂进步的颠覆性重构。大学英语教师必须适应当前计算机技术的飞速发展，努力提高计算机操作水平，能够熟练地制作视频，保质保量地完成教学活动；教师还需要不断提高自己的知识水平，更新知识结构，提高业务水平，最终实现教师在课堂中的角色的转变。

（三）积极参与校本教研

　　建立学习型学校，是推进校本教研制度建设的基本前提和重要任务。学习型学校是指通过培养弥漫于整个学校组织的学习气氛、充分发挥学校成员的创造性的能力而建立起来的基础的组织。教师个人的自我反思、教师集体的同伴互助、专业研究人员的专业引领是开展校本研究和促进教师专业化成长的三种基本力量，缺一不可。

1.正确实施校本教研

　　大力推动校本教研必须大胆创新，多措并举，全面推进校本教研的深入开展。

　　（1）创建学习型组织

　　努力创建学习型组织，实现教师角色转变，使之与新课程共同成长。建立教师研究课制度，搭建论坛、沙龙、研讨会、课改专栏、教师博客等一系列交流平台，引导教师敢于思辨，正面交锋，立足课堂，催生智慧，营造浓郁的研讨氛围，形成一个智慧共生的"学习共同体"。

　　结合英语教学的特点，英语教师用英语组织和参与沙龙效果最好，可安排一个备课组准备并负责组织，活动内容多样化，有话题辩论、教学法讨论、案例交流、点子帮助等。

---

① 张丽丽.大学英语翻转课堂教学模式下教师角色的转变[J].科教导刊（电子版），2022（10）：276-277.

（2）教学反思

积极倡导叙事研究，促进教师自我反思，形成自我构建，转变教学观念和行为。每个教师都有体现自己失败与成功、反思与飞跃等教学反思，记录发生在课堂上的故事，这些凝聚自己教育智慧的表达，在教育过程中提炼的经验，通过相互交流启迪，获得共同发展。

（3）专业引领

适时进行专业引领，给予科研指导、疑难咨询和教学示范，不断提升教师的理论修养。邀请专家学者来开讲座、参与课题研究、帮助总结经验、建立教学资源库。学校还应注重发挥骨干教师的专业引领作用，使校本教研获得多方支撑。

（4）文化研修

高校应深入开展文化研修，让文化精神和价值追求照亮教师的心扉，使每位教师感受到先进教育理念的文化光辉。学校要关注教师的生存状态和精神追求，在构建共同愿景中重塑教师的职业价值观，实现教师生存状态的升华，提升教师职业生活的品位。

2.校本教研层次架构

校本教研是一个多结构、多层次、多序列的复杂系统，教师、学科组、学校等由于受信息、资源、能力等各个方面的限制，很难将这一系统运转到极致。学校作为其中最基本的一个维度，是校本教研一切活动的出发点和最终归宿。应采取层级推进的办法，建立"自下而上"四级教研体系。

（1）自主研究

以教师个体为主体的"自主研究"：倡导"教师人人都是研究者""问题即课题、教学即教研、成长即成果"等理念，鼓励教师在开放自我、与人互动基础之上走经验加反思的成长之路，形成实践—反思—再实践—再反思的良性循环。教师通过创新性地反思生成教学智慧，提升自己的专业水平。

（2）案例研究

以学科组为单位的"案例研究"：构建教学成员共同体，加强以关注诱发学习动力为核心的集体备课；以焦点或问题为导向，关注课堂教学经验，促进教师专业知识和行为技能的发展；通过模拟或随堂听课，开展情境学习，体验课改先进教师的教学方法，从而提升教师实施新课程和搞好校本教研的能力，促进专业发展。

（3）专题研究

以教研组为单位的"专题研究"：针对本学科教学中的共性问题，结合学科特色围绕某个主题而展开，发挥群体资源优势，交流探究，合作互动，引导教师由经验型向研究型过渡，走上科研型教师的专业成长道路。

（4）课题研究

以学校为单位的"课题研究"：不但可以更好地实施学校的改革理念，针对学校亟待解决的问题和追求的目标，以科研的态度和方法对学校发展进行科学规划，构建科研总课题和子课题，在宏观上给予科学、总体把握，而且可以在同伴互助、常规指导、示范观摩和经验交流等方面发挥重要作用，更好地整合全校的资源，形成雄厚的校本教研力量，有效地解决本校校本教研中普遍存在的问题。同时可以更好地提炼、总结学校的成功经验，物化校本教研成果，推动工作不断向更高阶段发展，此外也更有利于吸收外界营养，吸纳智力支持，更好地实现专业引领。

（四）开展行动研究

近些年来，行动研究在我国高等院校开始得以重点发展，特别是在教师教育中形成了专业教育的主要途径。人们开始学习行动研究的基本原则、研究步骤，了解行动研究的做法，关注和尊重他人的调查。根据行动研究结果，人们可以阐明评估项目的可行性研究，提出改进教师专业发展活动的实施方案，最终达到教师在专业领域持续发展的长远目标。当今行动研究不仅用于教师的专业教育，而且在教育管理和组织研究、社会工作和其他专业背景等领域均有所研究。

行动研究是被越来越多的从业人员采用的一种方法，这种方法能够监督人们的生活。在国内，行动研究最初由北京师范大学王蔷教授进行研究并且取得了显著成果，其专著《英语教师行动研究》的出版不但从理论上阐述了行动研究对英语教师发展的重要指导意义，而且从实践的角度介绍了教师如何在自己的课堂上开展行动研究。目前，在我国的教育教学和教师教育改革中，行动研究已经成为一个备受关注的课题，正逐步成为实现教师专业化发展的重要途径之一，我国广大教育工作者也逐渐地理解和接受并践行这一理论，尤其是对现阶段大学英语教师的发展方向产生了一定的影响。

我国学者普遍认同，行动研究是一种以教育实践工作者为主体进行的研究，以自己在实践中所发现的问题来进一步改进教育实践。

美国社会心理学家卡尔·霍恩（Calhoun E. F.）提出了"行动研究循环"方法，具体包括选择一个领域或感兴趣的问题，收集数据，组织数据，分析和解释数据并采取行动。

实践证明，行动研究有着不同的方法，但它是一种真正的科学研究的方法。尽管诸种定义表述各异，常常发生分歧，但有关行动研究所强调的精神却是一致的。行动研究的重点是：如何做？谁来做？为什么？可能的结果是什么？同时，行动研究者一致认为，行动研究是基于一定的原则的，是以解决现实中的具体问题为目标的。

我们可以从以下几方面帮助教师实现自我发展。

（1）提高在教学环境下对教育与教学理论知识的认知。

（2）提高教师与教师，学生与教师，教师与管理人员合作的重要性的认识。

（3）通过教师发起行动研究开展课程。

（4）提倡教师进行反思性教学和自我评价。

（5）提高教师在行动研究中的角色意识。

以行动研究这一新的方式进行工作，可能会优于大多数教师之前的工作方式，这更符合教师发展的希望。

一般而言，大学英语教师行动研究实施的具体步骤如下。

1.选择研究课题

选择研究课题是行动研究的第一步，也是关键的一步。研究课题应该是来自研究者本人，而非他人的经验和实践。

研究课题通常主要源于以下三种情况。

（1）一个自己感兴趣的问题。

（2）教学中遇到的一个难题。

（3）一个自己还解释不清楚的问题。

阿尔特里克特（Altrichter，1993）认为研究课题来自我们发现那些有矛盾的地方或者是所期望的与现实不一致地方的问题。例如：

（1）计划与现实情况不一致的问题。

（2）现状与目标不一致的问题。

（3）学习者与教师的看法不一致的问题。

（4）教师的意图与课堂实施效果不一致的问题。

不论是哪一类的问题，都是行动研究潜在的研究课题。

我国学者王蔷在《英语教师行动研究》一书中列举了10项潜在行动研究课题。这里只引其三例以供教师参考，教师可参考以下范例，根据自己的课堂教学实际自己发现问题，找出自己要研究的课题。

（1）一名教师感到学习者不积极提问和回答问题，于是对学习者课堂参与情况进行了调查，发现学习者不主动发言的原因是教师课堂活动的设计没有给学习者很多空间去提问和参与讨论，于是教师从改变活动的设计入手，力求改变学习者的参与状况。

（2）一名教师发现学习者的阅读速度很慢，阅读方法也有问题，于是教师设计阅读教学的方案，帮助学习者提高阅读速度，并有效地运用阅读策略。

（3）一名教师在教学中发现，有的小组活动非常积极和热烈，而有的小组却活跃不起来，于是教师通过问卷调查了解课堂教学活动中不同的分组形式对学习者参与活动的影响。例如，把学习好的与学习好的一组、中等与较差的学习者一组、学习好的与学习差的一组、学习差的与学习差的一组，为发现适合不同活动类型的最佳分组方式，教师根据活动的内容和要求的不同，变换分组的方式，使学习者的参与情况发生了可喜的变化。

理查德和洛克哈特（Richards & Lockhart）设定的研究问题如下。

（1）在我的口语班中，当我让学习者进行口语展示时学习者常常表现得很困难。

（2）当学习者写作文时，他们很少用我教过的修改策略。

（3）学习者在文学考试中的答案和我的讲义基本相似，看不出他们读过什么作品。

将以上这些问题作为行动研究课题，有必要将每一个问题具体化，有利于这个问题的变化或改进，同时要设计具体的行动研究步骤，并将之付诸实施。

根据上面的假设，比较具体的课题可以是：

（1）在口语课中应该做哪些改变来培养学习者口语展示需要的技巧？

（2）哪些教学技巧能使学习者更好地掌握写作中的修改策略？

（3）应该如何改变文学考试中的问题以促使学习者加强阅读？

2.制订总计划

确定研究课题后，要着手制订总的计划，具体需要考虑以下方面的问题：

（1）研究题目。没有具体的研究题目，研究就没有明确的方向，没有明确的方向，研究就不可能顺利进行。

（2）研究理论。确定了研究题目之后，就要对自己的行动计划进行理论论证，也就是探讨本课题研究的理论依据是什么。

（3）研究思路。说明本研究具体研究顺序、研究内容、研究假设和研究结果。

（4）研究步骤。具体包括研究所需时间，共分几个时间段，每个时间段的研究步骤具体工作是什么等。

（5）研究内容。具体包括研究的问题及其提出的原因，解决问题的方法，提出自己的假设，验证自己的假设。

（6）研究材料。研究材料可以是教材、教师的教案、学习者的作业、学习档案等。

（7）研究方法。设定研究过程中所要采取的方法与收集数据的方法，如问卷、访谈、课堂教学观摩、撰写教学日志等。

（8）评价工具。论证研究的有效性以及是否符合研究的目标。

3.制订行动研究方案

行动研究是一个不断循环发展的过程。在这一过程中，首先是发现问题并提出假设，然后设计行动研究方案，根据行动方案确定研究工作计划，选择研究方式，收集数据等，最后在分析数据的基础上评价效果，发现新的问题，为下一步的研究作准备。

在设计行动方案前，首先要制订一个总的计划，具体涉及以下方面。

（1）给自己的行动计划起一个名称。

（2）对自己的行动计划进行理论论证。

（3）对计划的内容和所准备使用的材料进行描述。

（4）说明如何使用这些材料。

（5）制订一个行动研究工作计划或执行方案的时间表。

（6）明确数据收集的方式和时间。

（7）说明和描述评价工具，论证其有效性及是否符合研究的目标。

（8）描述所需资源和技术支持。

阿尔特里克特（Altrichter,1993）总结了行动研究所遵循的三个原则：有用性、可行性、可接受性原则。除此之外，行动研究还要注意遵循可靠性、合作性原则。

（1）可靠性是指教师在进行行动研究时要以充足的数据作支撑，这些数据必须是教师从第一手材料所得。

（2）合作性原则不仅包括教师与专家之间的合作，也包括教师与同行、教师与学习者之间的有效合作。同事、同行、专家、学习者等都可以提供研究建议和想法，帮助行动研究者发现问题、分析问题、提出研究建议和实施步骤。参与行动研究的教师根据他人的建议、自己的教学实情做出最后决定。在实施过程中，还要根据具体情况对方案进行调整和补充。此外，设计解决问题的具体方法对于行动研究非常重要。教师要根据自己研究的问题、内容、对象等制订切实可行的研究方法。

4.制订行动研究实施计划

教师在制订了行动研究方案后，需要及时制订实施研究的具体计划。实施计划是行动研究的重要保障，有助于强化教师的研究意识，促进教师有计划地开展研究。

行动研究实施计划一般包括以下内容。

（1）研究课题：研究课题要具体、明确，是自己课堂教学实践中的具体问题。

（2）研究总体计划：简单介绍本研究的整体思路。

（3）研究所需时间：说明研究开始时间和完成时间。

（4）研究方法：具体确定研究用的方法，如调查、日志、问卷等。

（5）研究步骤：将研究分为几个不同的研究阶段，确定每个阶段的具体研究计划。

行动研究实施计划的具体内容如表6-1所示。

表6-1 行动研究实施计划的具体内容

执行步骤	时间	数据收集	备注
设计总体计划	4.24～5.1	——	准备数据收集的工具以及录像机
行动计划1	5.4～5.15	录像30分钟，每周一次，记录教学日志，采访6～8名学习者	周五用2个小时观看录像，回顾教学日志和采访信息
评价	5.16～5.21	——	对采访学习者的数据和教师日志进行比较和分析
修改行动方案	5.22～5.31	与同事交流，提出修改建议	——
行动计划2	6.2～6.26	邀请同行观摩两次，采访6～8名学习者，记录教学日志	将学习者意见、同行观摩数据和自己的反思进行比较和分析，做出初步评价

5.行动研究的程序和方法

王蕾在《英语教师行动研究》中在呈现不同专家所提出的行动研究步骤的基础上高度概括了行动研究的步骤，把研究步骤归纳为两种类型：开放型研究过程和定向型研究过程，给行动研究者提供了可靠的依据。

开放型研究过程，如图6-1所示。

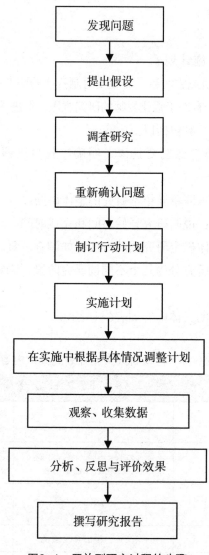

图6-1　开放型研究过程的步骤

定向型研究过程，如图6-2所示。

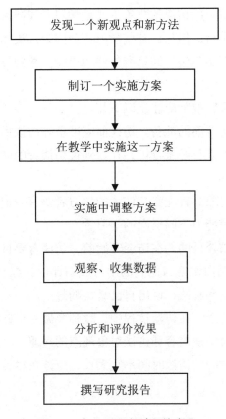

图6-2　定向型研究过程的步骤

与开放型研究相比，定向型研究的不同在于课题的确定来自学习他人的研究成果，或通过阅读理论书籍和教学方法的书籍、浏览专业论文，通过参加研讨会、工作坊、专业培训等渠道了解各种教学研究信息，学习新的教学方法或技巧，并把这些想法或方法运用于自己的教学中。在实施的过程中，观察和收集数据，分析和评估效果，撰写研究报告。

6.数据的收集与分析

数据收集有多种方法，这里仅介绍以下两种。

（1）访谈法

访谈是指访谈者向被访谈者做面对面的直接调查，是通过口头交流的方式获取有关资料的方法。采用访谈的方式可以使研究者了解很多在观察和问卷调查中得不到的信息。访谈可以是一对一的，也可以是一对一个小组的。

在教学行动研究中，所访谈的对象主要是学习者和同行教师，对于学习者的访谈可以一组一组地进行，但是，有些学习者会因为是集体访谈而不愿意在其他同学面前说出自己的真实想法。如果有条件和可能，教师可以让学习者自愿结成小组一起参加访谈。

要想取得预期效果，教师应注意以下几点。

第一，充分做好访谈前的准备。访谈前应准备好访谈提纲，将要问的问题写下来。如必要，还可以准备好录音机，在得到被访谈者的同意后，对访谈内容进行录音。

第二，选好访谈对象。首先参与访谈的学习者要有一定的代表性，人数不宜过多，但应照顾到语言能力不同层次的学习者。

第三，明确阐述访谈目的。在访谈开始前，访谈者要首先向被访谈者说明访谈的目的。让学习者明白访谈与他们的学习成绩评价和综合评价没有任何关系，让学习者自由发表意见和看法，说出自己真实的想法。

第四，做忠实的听众。在访谈过程中，教师要做一个好的聆听者，表现出对被访谈者的尊重以及对访谈内容和访谈对象观点的兴趣。

第五，控制访谈时间。访谈时间不宜太长，应该在尽量短的时间内把要做的事情做完。

（2）观察法

观察法是研究者根据自己的研究课题进行课堂教学观察的一种研究方法。教学行动研究中的教学观察是为了开展教学研究而进行的，目的是发现、分析和解决问题。观察通常是根据研究课题的需要，有针对性地和有目的性地进行的。

观察者往往是教师的同行或同事，甚至是朋友。研究者为了有效地研究在教学或学习某一方面的问题和解决某一个问题（如课堂互动模式），邀请同行或同事有针对性地对自己的课堂教学进行观察。观察过程中，观察者着重注意互动模式方面的问题，如课堂教学互动模式（师生互动，生生互动）是单向还是双向，学习者参与的程度和学习者参与的人数和次数等，并且记录观察情况。

观察后，教师及时同观察者进行交流，征求意见和交换意见。为了保证观察研究达到预期目的，研究教师最好事先向观察教师说明自己教学的目的、目标、方式和预期效果，然后观察教师和被观察教师共同商量观察的内容及重点以及记录方式。最好事先设计一个观察表，便于操作。

　　只有对数据进行有效分析，才可能实现其真正的意义和价值。数据分析的关键是从数据中发现其意义，所以数据分析是研究过程中一项重要的工作，而数据分析的过程又是一项复杂的工作。

　　迈尔斯（Miles，1984）将数据分析过程总结为以下几个步骤。

　　（1）仔细阅读数据。在阅读数据时，要抱着仔细和认真的态度，对日志、观察笔记以及观摩记录等数据进行回顾性阅读，阅读中设法回忆当时的情形和自己的体验。想一想当时做了什么？说了什么？发生了什么事情？

　　（2）选择相关数据。通过阅读，将重要的与不重要的数据分开，对相关的、有联系的事件及观点进行整理和分类，简化一些繁琐和不必要的细节。

　　（3）呈现数据。将选择出来的数据进行重新组合和排列，按照分类加注小标题，通过列表、制图或列出提纲等方式加以呈现。

　　（4）解释数据，得出结论。围绕研究课题，解释相关数据的意义及其之间的联系，建立模式、分析规律、得出结论、讨论其理论意义。

第三节　基于翻转课堂的大学学生英语学习问题的对策

一、基于翻转课堂的学生英语自主学习能力培养

（一）自主学习的定义

　　当前，自主学习不再仅仅作为一种学习方式在学习领域存在，并且其往往被视作一种课程论领域的课程目标，也作为一种教学论领域的教学方法。因此，有必要对自主学习进行界定。在这里，自主学习主要被视作一种学习方式，而学习方式对于学习者而言是比较偏爱的东西，是学习者在学习中表现出来的东西，是个人特点与学习倾向、学习策略的综合。

　　简单来说，本书所说的自主学习主要是基于教师的指导，运用元认知策略、动机策略与行为策略三大策略，进行主动学习的一种手段。一般来说，对于这一

定义可以理解为以下几个层面。

（1）首先需要界定这三种策略。所谓元认知策略，即在获取知识的过程中，自主学习者在学习中制订的学习计划、确定的学习目标、组织自身的学习、对自己的学习进行监控与评价。这些程序使得他们的学习更具有自我意识性与见识性。所谓动机策略，即学习者展现的自我抱负与自我效能，以及对自己的学习是否感兴趣。在他人看来，这些学习者也是激发自己能力的人，他们越是努力，越是持之以恒，越能够坚持下去，越能够取得好的学习效果。所谓行为策略，即学习者对学习环境进行选择、组织与创造，他们向他人进行咨询，并寻找适合自己的信息，为自己创造合适的学习环境。他们往往通过自我指导来进行学习，通过强化自己，对自己的计划进行执行。

（2）对于这三种学习策略，学习者往往是自觉运用的，即他们在学习中都往往是有意识地对这三种策略加以运用。但是，很多学生的自主学习并不是有意识的，他们往往是无意识的。其主要表现是许多学生并不能说明其所运用的学习策略，或者是不明白其所运用的学习策略与其所取得的学习结果之间的关系，所以就有许多学习好的学生不知道自己成功的经验是什么，而学习困难的学生不知道自己学习的障碍何在，应该从何处入手加以改进。而自主学习要求学生自觉地运用这些学习策略，必要时还需要对策略的使用做一定的记录并加强练习，以便对这些策略的使用熟练到自动化的程度。①

（3）学生的自主学习往往需要主动，并且通过主动的学习来达到一定的成效。关于主动，首先表现在学生的学习动机被激发出来；其次表现在学生对各种学习策略的运用。而达到一定的成效即有效性，这主要表现在学生通过自主学习来不断提升自身的能力，他们能够随时考虑学习任务的难易程度，对学习方法进行调整；另外，还表现在他们不断提升自身的学习成绩以及自我效能感。当然，正如齐默尔曼（Barry J. Zimmerman）于2001年出版的《自我调节学习实现自我效能的超越》一书中多次提到的那样，学习策略的更新可能会造成学习成绩的一时下降，学生的自我效能感也会受此影响而暂时有所下降。这些都是在所难免的，因为每个人对学习策略都有一个适应的过程，关键是自主学习的最终结果应该是提高学生的学习成绩及其自我效能。②

---

① 郑金洲.新课程课堂教学探索系列自主学习[M].福州：福建教育出版社，2005：77-78.

② 同上.

（二）翻转课堂模式下学生自主学习能力的培养策略

1.课前活动

教师根据教学目标提前制作相关教学视频，视频采用播放PPT的形式呈现并配有相关讲解。

学生独立完成视频的观看，记录视频中遇到的难点和疑点，然后小组统计重难点。这样有利于培养学生独立思考的能力，自主探索重难点，改变学生只听不思的被动学习状态，小组统计组内重难点，有利于检测学生独立思考的有效性。[①]

小组成员相互纠错，记录错题。独立完成书本课后作业有助于学生养成良好的习惯，提高作业质量，避免养成抄袭他人作业的坏习惯。小组成员相互纠错进一步锻炼学生自我察觉能力和对知识的敏感度，加固了对知识的掌握度。

2.课堂活动

教师检查小组同学的练习情况，做好纠正工作。此环节可使教师有效地了解学生的自学情况，通过让学生上台展示可锻炼学生的自我表达能力。

小组成员自主站起来发言，提出在视频学习中的难点和疑点，教师利用部分时间进行答疑和补充。此环节鼓励学生自主站起来，锻炼学生胆量，培养学生自主意识，让学生感觉到自己是课堂的主人，老师则是引导者和辅导者。讲解结束后，学生当堂完成过关提高题，并给出解释。让学生自主解释题目，挖掘每题背后潜藏的知识点，培养自主学习意识。

教师随机抽学生来讲解题目，如有错误，请其他同学纠正，如还未解决问题，教师讲解。这种相互纠正的学习策略更能激发学生独立思考的思维模式。

3.课后活动

教师记录课前和课堂练习错误情况，记载易错点用于今后有针对性地复习，教师也可根据测试中反映出的问题进行个别辅导。[②]

---

① 章海燕.英语翻转课堂学生的自主学习能力培养策略研究[J].读与写，2022（18）：40-42，45.

② 同上.

教师要求学生写课堂感受，并提出建议，这有助于老师了解学生的学习情况。

教师根据教学目标完成情况以及学生的课堂感受对整个教学过程进行反思，让翻转课堂不断精进。

二、基于翻转课堂的学生英语深度学习能力培养

2015年"互联网+"行动计划的提出和2011年《教育信息化十年发展规划（2011—2020年）》文件的颁布，体现了国家对教育信息化的重视，也体现了新型教育模式研究与推广的必要性。后疫情时代的到来，推动了信息化教学探索，特别是线上＋线下的教学模式发展，各种智慧教学平台的发展和普及也为其提供了发展土壤。翻转课堂作为其中的典型代表，经过长期探索和本土化，形成了较为成熟的教学模式，并在各大中小学中得到广泛应用。然而，大部分的翻转课堂教学实践，模式新鲜，形式丰富，信息化强，却忽视了最重要的——学生的"学"。学生的学习仍未发生本质改变，停留在对知识的简单记忆和浅层次理解。深度学习要求学生的学习不仅仅停留在表面的、浅显的知识学习，更注重对知识的深层次理解、整合、联结、举一反三，还注重真实问题解决、批判性思维、创造性思维等高阶能力的培养，将深度学习的理念融入翻转课堂中，能有效改善目前翻转课堂"只重形式不重内涵"的困境，以深度学习为目标来指导翻转课堂教学，能进一步发挥翻转课堂的模式优势，提升其教学效果。

（一）深度学习的内涵

深度学习是一种对新概念以及新事实存在着批判性的学习方法，把新的知识和传统的知识结构相结合，并将现有的知识转移到新的环境中，使学生学会如何做出决定、如何解决问题。深度学习首次出现在人工神经网络领域，在机器学习领域是一种非常热门的方法，应用在教学中，深度学习理念就是一个将学习层次更加深入的过程，"学习"是学生日常校园生活的常态，学习是一个认知的过程。而"深度"的意义在于，它研究了知识背后的机理，更强调明白知识背后的逻辑。深度学习与浅层学习是两个相对的概念，它更注重学生能否深入地解析书本

知识，理解书本中所包含的价值与内涵，并从表层信息中培养学生的学科核心素养、理解能力以及认知能力。

（二）深度学习的特征

1.理解性创造，批判性评价

深度学习概念具有理解与批判性的特点，对知识点原理、含义的把握是深度学习概念的一个重要组成部分，而在大学英语教学中，学生的学习习惯以死记硬背的方式为主，这种学习方法并不能真正内化英语学习。针对以上问题，深度学习思想具有创造性和评估性，它的主要目的是培养学生的综合学科素养，让英语与生活融为一体，这就需要教师在课堂教学中培养学生的社会性行为，注重学生的成长、发展和提高，促进学生的创造性思维。"深度学习"要求学生用心分析、理解、感知，运用批判性思维进行质疑、发现、积极开展讨论，将理论知识与实际活动相结合，并根据生活经验、学习经验进行判断分析，通过论证、评价、联想等方法来培养学生的积极情绪和文化意识。帮助学生提高学习成绩，发展学习方式，达到学习的最佳效果，培养学生分析和解决问题的能力，能够理解和记忆主要知识点。

2.迁移应用，整合构建

"深度学习"概念具有"迁移"与"应用"的特点，应用知识的特性转移是学生拓展自身"知识体验"、实现学习"内化"的最好方式，从而达到"学以致用"的目的。在知识整合和理解的基础上，通过间接体验的方式对书本上的知识进行深入的阐释。充分利用深度学习观念中整合与建构的特点，整合其学习重点，对教学内容进行归纳与梳理，将零散的问题整合起来，让学生不再把知识看作是零散的、孤立的个体，而是把它们串联在一起，形成一个逻辑完整的整体。

综上所述，深度学习观念鼓励对原有的知识进行加工处理和迁移应用，使学生能够进行创造性的探究，将新的知识和旧的内容相结合，形成一个更为系统的知识体系，完善整体学习框架。深度学习对学生进行学科思维、创新和应用能力的训练，使其掌握和判断问题中的关键要素，培养学生在实践中积极利用所学知识，促进学生全面发展。

（三）翻转课堂模式下学生深度学习能力的培养策略

翻转课堂要求学生的学习方式和教师的教学模式从传统的单一化转向多元化，教师要从单一的课堂讲授转变为课下资源制作与上传，课上教学活动设计与组织。学生要从单一的课堂被动学习转化为课下自主学习、课上协作学习、主动学习、研究性学习等。教师从主导者转变为指导者，学生从被动者转变为主导者。

依据深度学习的内涵，在进行翻转课堂教学时，不仅要将学生从课堂下面推到课堂上面，还要积极调动学生的学习状态，使其真正地参与到课堂中来，以各种学习活动和教学策略来促进学生解决复杂问题的能力、批判性思维和创新精神的发展提升。

美国学者Eric Jensen和LeAnn Nickelsen从教师教学角度提出了深度学习路线，即 DELC（Deeper Learning Cycle），深度学习路线是一种教学策略，[①]根据其提出的7个步骤，结合翻转课堂的"课上"和"课下"两个阶段，设计其教学策略，基于深度学习的翻转课堂教学策略如表6-2。

表6-2　基于深度学习的翻转课堂教学策略

课堂阶段	深度学习路线	教学策略	具体教学策略
课下	设计学习目标和学习内容	先行组织者、认知发展策略	制作基础教学资源和拓展性资源
	对学习者进行预评估	课前调查、预访谈	课前调查、了解学生性格特点、知识水平
	营造积极的学习文化	分组策略、平台痕迹记录	分组（随机、自由、固定、异质分组）、平台记录统计
	预备与激活早期知识、获取新知识	自主学习小组学习	做笔记、归纳演绎、研究性学习、小组式学习
课上	营造积极的学习文化	情景教学、小组学习	情景教学、分小组学习创造轻松愉悦环境
	预备与激活早期知识、获取新知识	直接教学、接受学习	教师讲授、知识答疑、自由提问、自由讨论、同伴互助

---

① 章译丹.基于DELC的综合教学在大众传媒与文化课程中的应用[J].教育现代化，2020，7（35）：182-185.

续表

课堂阶段	深度学习路线	教学策略	具体教学策略
课上	深度加工知识	演绎归纳、项目学习、个别化教学	做笔记、归纳演绎、可视化表征、个人演讲、小组讨论、小组汇报、辩论赛、知识竞答赛、击鼓传花、纸条互传、项目式学习
	评价学习者学习	过程性评价	课堂观察、调查访谈、作业评价、生生互评、小组内评

1.课下

教师根据问卷调查、预访谈以及日常了解接触，对学生性格特点及知识水平能力进行预评估；根据教学内容和学生特点对学习目标和学习内容进行设计；制作基础教学资源和拓展性资源，将其上传到智慧教学平台上，并根据课程需要对学生进行分组（随机、自由、固定等）。学生一方面根据教师制定的目标和上传的资源进行自主学习，另一方面根据小组任务进行小组合作学习。

2.课上

教师进行基础知识的讲授，以弥补学生课下自主学习的不足，为后面的深度学习打下基础；接着组织开展各项教学活动（知识答疑、自由提问、自由讨论、同伴互助、做笔记、归纳演绎、小组汇报、小组讨论、个人演讲等），根据情况需要可进行更高阶的教学活动（辩论赛、知识竞答赛、击鼓传花、纸条互传、项目式学习等），通过一系列活动促进学生深度学习。

基于深度学习的翻转课堂教学策略大部分都比较常见，只是在翻转课堂中出现的频率较高而已，如知识答疑、自由提问、个人演讲、小组讨论、小组汇报、辩论赛、知识竞答赛、击鼓传花、纸条互传、项目式学习等。还有几个是很重要的深度学习教学策略，但是在平常授课中可能会忽略或很少使用，在这里向大家一一释义如下。

（1）分组合作

有效的小组合作能实现优生带差生、同伴互助、生生参与，分组根据课程特点可进行随机分组（不确定性带来的新鲜感）、自由分组（学生根据个人意愿自由组队）、固定分组（成员间长期固定分组，配合默契，有利于任务分配和完成）、异质分组（将不同条件特点的学生分为一组，相互熏陶影响）。

（2）做笔记

记笔记不仅是将教师讲述的知识记录下来，更多的是学生对内容的意义建构。学生可以进行窗口式笔记，在记录知识时，及时对其进行思考分析、与已有知识进行联结、发散；学生还可以进行交互式笔记，学生学习时将收获及疑问记录下来，由教师进行批改和回答。

（3）归纳演绎

教师引导学生对所学知识进行总结提升，归纳到已有认知的大概念中去，并进行总结笔记的撰写、思维导图的绘制；引导学生对新知识进行演绎推理，阅读理解，对其进一步预测和假设，以提高学生创新思维、分析问题、解决问题的能力。

（4）可视化表征

可视化表征即将所学知识和想法以"图像"的形式展示出来，可视化表征的过程即思考演绎的过程，有助于学生进行意义建构。思维导图是其中典型的例子，还有组织结构图，概念导图，故事导图，头脑风暴思维网图等，其中头脑风暴思维网图很适合小组讨论时使用。

（5）情景教学

情景教学能营造积极向上的学习文化，促进学生主动参与知识建构。根据教学内容创设教学情境，营造"就在现场"的气氛，学生进行角色扮演，感受"就是本人"的情形，引导学生进行移情理解和深层次思考。

（6）过程性评价

翻转课堂中的评价更多地关注学习过程，深度学习聚焦于学生的学习状态和结果，故在此使用过程与结果并重的评价方法，教师通过平台浏览痕迹、课堂观察提问、调查访谈、作业等给予评价，除此之外，还使用学生个人、同伴之间、小组之间互评等。

基于深度学习理念的翻转课堂，在常规的翻转课堂教学中融入更多的积极主动和多元化交互。积极主动地进行自主学习、研究学习、小组学习、项目式学习，多元化的生生同伴交互、生生小组交互，师生一对一交互，师生一对多交互，主动和交互以深度学习为目标，使得翻转课堂不仅停留在模式表面，还能达到本质追求。

第七章

翻转课堂应用于大学英语教学的创新趋势

在推动大学英语翻转课堂教学改革的过程中，许多学者开始积极地将课程思政理论、生态理论、OBE理论融入大学英语翻转课堂教学环节之中，不断地采取创新的教学方式和教学手段，积极推动教学资源的优化利用和配置。课程思政教学、生态教学、OBE教学的融入符合时代发展的要求，能够提高大学生的综合素养，实现人才培养目标与时代发展之间的紧密联系和互动。对此，本章基于翻转课堂教学模式，以大学英语教学为依据，具体分析大学英语翻转课堂教学改革与课程思政教学、生态教学、OBE教学融合的相关策略，以期为实现我国大学英语教学质量和水平的提升提供一定的借鉴。

第一节　基于翻转课堂的大学英语课程思政教学

一、课程思政理念阐释

课程思政是我国高等院校教育的一种独特教育理念，是对新时代人才培养提出的新要求。我国的高等院校一直以来都承担着为国家培育优秀人才的使命，即使在战乱年代也不曾停歇。进入新时代以来，国内外的环境发生了重要的转变，我国逐渐从发展中国家向发达国家迈进。在这样的重要历史时期，国家对整个教育系统尤其是高等院校提出了更高的要求。人才是一个国家安身立命的重要根基，而对人才的思政教育更是教育的重中之重。思政是高等教育的重要组成部分，将思政教育贯穿高等教育的始终是国家培养人才的必然要求。

（一）思政教育的提出

到目前为止，课程思政已经经历了三个发展阶段，分别是：2005—2009年在上海试行的"两纲教育"、2010—2013年开始全面推行的"德育一体化"教育和2014年至今形成的成熟的思政课程教学体系。

2016年12月，习近平总书记在主持政府工作会议中特别强调了高校思想政治教育的重要性，并指出思想政治理论课要坚持在改进中加强，提升思想政治教育的亲和力和针对性，以满足学生成长发展的需求和期待，使各类课程与思想政治理论课同向同行，形成协同效应。

习近平总书记的这番讲话为高校的工作指明了方向，尤其是关于思想政治的教育工作，提出了特别的要求。这足以证明思政课在高校的教学中占有非同寻常的地位，是人才培育的基本前提。此后，思政教育成为我国高校人才培养和课程教育的重要指导思想。

　　课程思政的提出还与当时的时代背景有着密切的关系。21世纪以来，经过改革开放40年来的建设与积累，我们国家在各个方面都取得了飞跃式的发展，这不仅进一步凝聚了民族自信心，而且让世界各国不禁对中国的强大产生敬畏之情。但是国家的发展之路仍然充满挑战，为了实现中华民族伟大复兴，为了实现从大国向强国的转变，未来的路还任重道远。正因为此，国家对人才的培养提出新的要求。未来，高校学生仅仅拥有知识、技能和学历是远远不够的，国家已经进入快速发展阶段，今后需要的人才不仅要具有过人的才能，而且还应具备过硬的思想政治水平。

　　因此，国家提出了"课程思政"的新型教学模式。课程思政的核心目标是强化思政教育，要求在各个学科中有机地融入思政教育内容，从而彻底改变以往过于僵硬的思想道德和政治水平培育模式。

（二）课程思政概念的界定

　　课程思政是对高校人才思想政治水平的一种基础教育，是将科学的、普世的政治观和思想潜移默化地内化到学生的日常学习和生活中，从而指导他们今后的工作和人生的方向。而且，当代青年学生由于出生、生长在新中国经济飞速发展时期，他们从小生活在社会和平、稳定，生活安稳、物质充沛的环境里。一般而言，过于安逸的生活境遇会让人从精神上产生懈怠情绪，长远来看，这并不利于我国持续的发展。因此，国家需要在高校教育中加强对青年学生的思政水平的教育，促使他们形成正确的价值观和健全的人格。

　　由于学术界对课程思政的概念一直没有得出明确统一的界定，这种情况对于高校实行课程思政工作也带来一定的障碍。但是，目前存在的对课程思政的概念界定比较有代表性的一个，是："思政课程是思想政治理论教育的课程体系，而课程思政则是教学体系。"这种说法很好地揭示了课程思政和思政课程之间的区别，对思政课程的概念进行了界定。

（三）课程思政的要求

1.以高校党委为政治核心

　　思想政治教育工作属于党委的工作范畴，因此，高校的课程思政应该以学校党委为核心，负责开展各个院系和学科的思政教育内容和安排。以高校党委为政治核心开展课程思政具有以下几方面的优势。

（1）高校党委具有管党治党的主体功能，可以调动学校的行政、教学等各个部门的人力资源、物力资源，因此可以将课程思政工作进行彻底。

（2）高校党委在思想建设、组织建设和制度建设等方面具有明显的优势，是最有能力执行课程思政的部门。

（3）高校党委作为课程思政建设的主体，能够准确把握党和国家对课程思政的精神，能够卓有成效地切实贯彻和落实课程思政的要求。

2.发掘课程中的思政资源

根据课程思政指导思想的核心要求，在各个院系的专业课程中进行课程思政的优化，要求教师在授课过程中不仅教授专业知识，而且要将思想政治与专业课知识融会贯通、有机地结合，让学生得到全面的成长，使"教书"和"育人"完美地结合，形成一套科学有效的教学模式。但是要实现这一目标，达到理想的效果，需要教师选择最合适的角度，与思政内容相结合，采取合适的方式进行教学。

这就需要教师提高自身的专业修养和思政水平，在日常的工作和学习中，不断拓宽自身的知识和视野，在努力提升专业能力的同时，还要注意加强对思想政治的学习，并将其整合进自己的教学内容中。在掌握和整理学科知识体系的基础上，将德育内容放在重要的位置，让学生在专业知识的学习中提升思政知识和意识。

3.注重教师队伍的建设

课程思政教学模式的推进，除了需要根据国家的精神指导，以及学校党委的具体统筹安排之外，更重要的是加强教师队伍的建设，因为教师才是实践课程思政的第一人，在他们的讲台上真正落实国家课程思政的要求，将课程思政融入专业知识的效果如何，学生对课程思政的接受程度如何，将直接由教师的实际授课所决定。因此，教师的思政水平至关重要，为了提升教学质量和教学效果，必须从教师队伍的建设抓起。

4.协同发挥"课程思政"和"思政课程"的作用

课程思政教学模式是对原来强调专业教学的模式进行优化和创新，将思政内容融入专业课程中，在各个科目的教学过程中，引导学生从一个崭新的视角观看世界，这是对学生发散思维的训练。与此同时，课程思政还需要与思政课程相结合，产生更好的效果。加强两者之间的交流，协同发挥两者的作用，有利于达到更加理想的育人效果。

（四）课程思政的意义

课程思政对我国高等院校的人才培育具有深远的意义。未来人才的竞争会异常激烈，社会对人才的要求也会越来越高，而过往对人才的需求由于受到历史、国情等多方面的原因，更加注重对人才的专业技能的培养，随着国家发展战略的调整，对人才也提出了新的要求。

1.课程思政是立德树人的必然发展路径
（1）是教师开展思政教育的必然途径

立德树人是人才培育的根本，是高校教育建设的基本指导思想。在高校的思想政治工作中，对人才的思想政治教育一直都是非常重要的环节，但是之前的思想政治教育，仅仅是通过思政课程来实现。一个人思政水平的养成和提高，需要漫长的过程，仅靠一门课显然是远远不够的。因此，在落实国家提出的立德树人根本任务的过程中，提出课程思政的创新理念，将思政有机地融入每一门专业课程中，这才是全面提高人才思政水平的重要途径。

（2）是人才开拓视野的必要路径

高等院校是学生进入社会前的最后一站，是为日后参加社会建设做准备的重要阶段。经过多年的挑灯夜战与寒窗苦读，莘莘学子已经掌握了一定的专业知识和技能，憧憬着进入社会后开拓出一番事业。然而，若要真正成为对社会有用的人才，仅有专业知识还远远不够，因为社会竞争是多元的，也是复杂的。因此，青年学生如果不具备坚定正确的思想政治觉悟，将会面临许多的考验，甚至在不经意间就误入歧途。因此，高校学生在正式进入社会之前，迫切地需要一个有效途径来全面地提升其思政水平。

2.课程思政是思政教育的必然发展方向

最初的思政教育都是以思想政治课为主要形式开展的，因此，更多的是对思想政治的理论内容进行深入讲解。然而，仅仅"纸上谈兵"并不是理想的思政教育。因为学生需要在各种具体的、真实的环境中才能深刻理解思政的真正内涵。

因此，课程思政的理念就是针对原来这种理论性较强、但实际效果欠佳的局面而提出的。

通过课程思政模式，将思政教育融入各个学科的教学中，在专业课中深入挖掘思政元素，将系统的思政教育碎片式融入专业知识的学习中，这对思政教育的应用性和持久性更有益。

3.课程思政是培养高级人才的必然选择

未来社会，需要的是全面发展的高级专业人才，也就是说，人才不仅要具备专业知识与技能，还要具有独立的人格和坚定的思政水平，能够在复杂的社会竞争中保持强势发展状态，这就需要在高校学习期间接受立体的、全面的教育，仅靠书本知识显然并不能满足高级人才的发展需要。

二、基于翻转课堂的大学英语课程思政教学的策略

（一）增强大学英语教师的"思政意识"

基于翻转课堂教学模式，为了真正将课程思政融入大学英语教学，应该从教师的角度着手，对教师的教学观念进行转变，让教师认识到对大学生展开思政教育的意义，不断提升教师的思想政治素养，构建一支高素质的英语教师团队。

作为课程思政理念的实施者，大学教师本身应该具备较高的思想政治素质，并且不断提升自身的思想政治教育的专业能力，为了提升这一能力，可以从如下三点着手。

第一，学校应该为教师提供这一层面的培训，让教师不断提升思政教学的观念，让教师对思想政治课的教材进行研读，充分挖掘英语这门课程与思想政治教育课程之间的关联性。同时，将国家对大学英语教师的要求传达给教师，让教师深入理解这一方针政策并以此为基础，制订相应的教学方案和策略。

第二，教师应该努力学习中国传统文化知识，在英语课堂引入中国传统文化，从而将英语文化与传统文化结合起来对比学习，提升学生对本土文化的自豪感。

第三，高校要不断对教师的课堂教学效果进行评比，鼓励落实思想政治课堂

的政策，利用激励手段，促进教师认真钻研，从而为学生提供包含德育因素在内的高效的课堂。

（二）丰富大学英语教材的"思政内容"

教材是大学英语课堂的一项重要资源，是教师展开教学的一项重要辅助手段，是学生进行英语学习的重要材料。教材内容的编排非常重要，不仅要考虑学生英语学习的效率，还需要考虑内容中渗透其他理念。为了不断提升大学英语课堂的思政功能，需要对大学英语教学的大纲进行调整，将思政元素融入其中，对教材内容加以丰富，将充满重要意义的思政要素与大学英语教材结合起来，在教材中凸显中国的政治文化和良好形象，从而在教学中帮助学生构建良好的社会主义核心价值观。

在选择教材、安排课程的时候，教师需要将典型的政治、经济、文化元素融入其中，或者在英语练习中加入中西方文化交流的内容，通过中西方文化的对比与辨别，推进大学英语教学。例如，教师在为学生讲解西方传统节日的时候，可以先用英语介绍我们国家的一些节日，在具体教学中将思想政治文化内容引入，促进学生不断对比中西方的节日，增强自身对本国节日文化的了解，增强自身的爱国主义情感。具体来说，可以从如下两点着手。

1.重构教学内容，挖掘思政教育元素

多元重构，创造性使用教材。课题组教师将教材内容划分为基础、通识、拓展三大板块；在教学过程中，尝试打破原有顺序，按照单元主题内容进行分类、重组，集中授课；寻找单元主题和进行思政教育的结合点，探究各类思政元素在教学全过程中的融入手段和方法，使课堂思政教育更具贴近性、互动性和共鸣性。另外，课题组教师以教研室为单位，每周教研，共享课程思政新资源，探究思政教育新思路。

2.结合学习通平台，构建混合式课程思政路径

通过线上、线下授课时空的混合、信息技术使用的混合以及各种教学方法的混合，锻造出"线下教学活动+学习通平台资源建设+移动APP终端自主学习"的多维立体课程思政路径。

（三）完善大学英语教学"课程思政"的教育模式

1.充分利用大学英语课堂教学，抓住课程思政的本源

在教育改革下，大学英语教师应将英语课堂作为课程思政教育的主阵地，在开展英语课堂教学过程中，详细讲解英语语言知识及应用技巧，并向大学生传递正确的价值观，注重对大学生进行思政教育。对此，大学英语教师既要具体化呈现英语知识，又要引导大学生探索其中思政教育内容，让大学生体会其中的爱国情感、传统美德等，使大学生在英语学习中更加认同我国社会主义核心价值观，实现有效融合课程思政教育的目的。例如，在"Loving parents, loving children"教学中，教师可先让学生对题目进行翻译理解，即爱父母与孩子，再引导学生联想我国传统文化中的孝道，带领大学生认识到孝道在中国社会中的重要地位。大学英语教师可让学生从个人、社会等不同层面，对我国弘扬孝道的价值进行思考分析，如孝道是做人的基本要求等，使学生了解到孝道对中国历史发展的影响。在此基础上，大学英语教师可引导大学生思考如何在当代社会生活中实现传统孝道文化的价值，让学生结合中西方孝道文化进行综合性分析，使学生认识到社会主义精神文明建设中弘扬现代孝道的关键作用。大学英语教师在解读英语知识内容时，应抓住课程思政的本源，引导大学生探索思考深层次的文化内涵，让学生主动学习为人处世的道理，对大学生进行切实有效的课程思政教育。

2.组织开展大学英语实践活动，突出课程思政的实效性

在大学英语课程教学工作中，教师需要将课程思政理念融入英语文化知识教学中，并在社会实践教育环节践行课程思政，让大学生充分认识课程思政的实际作用。对此，大学英语教师在实施课程思政教育中，应重视第二课堂的开发，引导学生在实践活动中深层理解爱国思想、社会主义核心价值观等内容。教师可组织大学生开展多种形式的英语社团活动，引入社会热点话题并进行讨论分析，让学生更加关注国家大事、社会热点等，将课程思政融入活动实践中，实现思政教育作用的有效发挥。例如，教师可组织以爱国情怀为主题的活动，开展英语辩论赛，提前让学生从书籍、网络视听等信息渠道获取相关主题信息，并引导学生选题，针对不同的选题，分组展开交流、辩论，使学生通过一系列爱国主题的交流活动，了解祖国在当今世界上的各个行业领域所取得的领先地位。明辨部分西方社会利己主义的错误思想。通过参加与课程思政相结合的英语辩论赛、演讲比赛等活动，有效锻炼自身的英语综合应用能力，形成正确的人生价值观，实现自身

人文素养的提高。

3.构建大学英语优质学习平台，创新改进英语教学模式

基于课程思政理念，大学英语教师应充分结合线上和线下实施英语教学，把社会主义核心价值观、爱国精神等融入英语教学中，让学生了解更多的中华优秀传统文化内容，帮助学生增强文化自信、民族自信。在互联网时代下，大学英语教师开展英语课程教学，可借助新媒体进行即时互动，突破在空间等方面的局限，并引导学生对英语教学方法进行优化调整，帮助大学生实现英语学习质量的提高。对此，第一，高校应构建大学英语优质网络平台，大学英语教师需要对优质英语学习资料、英语在线课程等进行整合，让学生高效开展英语线上学习。与此同时，大学英语教师应分析各个专业特色、相关行业要求等，在课程教学中凸显各专业领域的职业精神，在英语平台中展示代表性人物事迹，让学生通过阅读感受所传递的职业精神。大学英语教师借助线上平台，对大学生实施针对性的价值观教育，让他们在接受思政教育中增强职业道德意识。第二，在互联网背景下，大学英语教师可将英语学习软件与课程思政有效衔接，在线上组建英语教学微信群等，更好地指导大学生在线上平台自主学习英语知识、爱国情感等，对大学生的价值需求进行探索分析，动态化跟踪大学生的英语学习轨迹、思政教育成效。大学英语教师可创新改进大学英语思政教学方式，让学生在英语学习中主动了解更多课程思政内容，促进学生提高思想政治素养。第三，大学英语教师可让学生关注微英语、国才等高质量英语微信公众号，让大学生了解当代社会发展情况、国家大事等，引导学生在英语语言学习中阅读课程思政素材，使学生了解更多的中华传统文化内容。这能对学生增强文化自信起到激励作用，增强大学生的爱国主义情感。第四，大学英语教师可要求学生在"学习强国"APP中阅读每日英语新闻，引导学生利用课外时间浏览其中的英语材料内容，让学生主动了解当前国内外发生的大事。大学生能通过利用线上英语学习平台提高自身的英语阅读能力、思维能力，同时提高自身的政治文化素养。

第二节　基于翻转课堂的大学英语生态教学

一、生态教育理念阐释

（一）教学的生态本质

教学可分为狭义教学和广义教学。狭义教学就是人们常常提起的教学，即学校开展的教学活动，指在学校空间范畴内，在教学目标的规范下，教师把知识技能传授给学生的活动，学生不仅能够学习知识理论，还能够激发积极的情感态度和价值观，让自己的身心得到全面发展。广义教学具体指学和教相结合的活动，即由教的人和学的人共同开展学习活动的过程。但无论是哪一种教学，它都包括非常多的成分，如人的成分，即学生、教师以及有关职员；物的成分，即教学环境、设施、内容等，说明教学本质上是一个五花八门、复杂多变，包括多种成分的系统，是充满活力的过程。

对"生态"的历史进行回顾，发现它的内涵是不断拓展的。"生态"这个词语的产生比较晚。1858年，丹麦哲学家、博物学家索罗最早提出"生态学"这一概念。1865年，德国的动物学家雷特儿，把希腊文的Oikos和Logos进行了组合，产生了oikologie，即生态学，意思是"住所的研究"。到1866年，德国动物学家海卡尔赋予了生态学一个鲜明的概念，即"研究有机体和四周环境间关系的学科"。但现在的"生态"早已有了更广泛的内涵了。

从字面上剖析，"生"就是生命，代表能生长的事物在某个环境下成熟、发展；"态"则是外貌，即形状、姿态等。选择从方法论和生态世界观方面着手，那教学活动系统的最根本特点就是生命性或生态性，它不是固定不变的物质系统，而是富含蓬勃生命力的动态发展的生态系统。教学的生态性是教学的内在特征，教学走向生态化发展的道路是因为教学本身具有的生态性。

（二）教学的生态特征

教学生态系统是一个特殊的存在，该生态系统有五个生态特点：生命性、整体性、开放性、动态平衡性、共生性。

1.生命性

生命性是生态系统的基本特征。教学是教师展现自己人品素质、知识才华以及提高自身生命价值的过程，也是学生建立情感态度价值观、学习知识理论以及提升自身生命品质的过程。教学过程一直是一个充满活力和希望的过程。生命性同样是教学生态性的最根本特征，教学过程全程都存在生命的跳动音符，弹奏着生命的节奏，教学就相当于一首生命歌曲，没有生命，就不会有教学，教学的根本就是生命。第一，教学过程中的学生、教师都是有生命的人，他们是教学的根本，是不同于客观"物体"的真实存在的人。第二，学生和教师的生命支撑了教学活动的顺利进行，因为存在学生和教师，教学才能有规划、有组织地实施，教学活动才能顺利进行。第三，教学富有浓厚的人性关怀特征。教学不单单是学生和教师智商的摩擦，还是学生和教师情绪的交流和沟通，教学的独特性使得教师和学生建立了特别的感情。教学拥有非常多人性化的元素，不是一成不变的、"非人性"、工具化的教学。第四，教学是推动教学主体生命发展的教学。这意味着教学的最终目标是探索教学主体的生命发展，教学有促进学生和教师生命发展的作用，特别是学生的进步。综上所述，教学的基点是生命，教学的最终目标也是生命，不存在没有生命的教学。

2.整体性

生态系统的重要特点是整体性，它涵盖很多内容，且只有各个内容都有发展，生态才会顺利发展，假如系统中的某个层面出现问题，那影响的不仅仅是该层面，整个生态系统都会受到影响。教学是一个包括很多复杂成分的系统，该系统的各个成分之间会互相支持、互相影响、互相联系，各成分之间的合作协调，推动了教学整体性的进步。因此，教学的生态特点之一是整体性。

第一，教学本质是一个整体，由多种成分汇集形成。教学生态系统包括多种复杂的成分，这一点和自然生态系统一样，成分的存在构成了生态链，一旦说"链"，就代表出现一个整体，具备整体性且不能分割。教学整体大致分成七个部分，即学生、教师、教学目标、教学内容、教学方式、教学环境、教学评价，这七个部分构成了教学链，即一个完美的教学过程。第二，整体各成分共同发挥作用才能推动教学的进步。正如自然生态的各成分都具有自己的"生态位"一样，教学的七个部分在教学中的地位和作用都不一样，但每个成分都不能缺失，一旦缺失某个成分，教学的效果就达不到预期。学习的中心是学生，一切教学成分都要围绕这一中心部署安排，学生能够体现出教学品质的好坏和效果的高低，所以教学活动的启程点和栖息点都是学生。教学的主体也有教师，在教授这个环节中，教师引领整个教学过程，合理调节教学中的各成分，确保整个教学过程能够顺利进行，并力争达到最佳的教学效果，所以整个教学中也不能忽视教师的作用。教学目标限制和规范教学整个过程，在教学过程中具有至关重要的作用。即使教学目标限制教学内容，内容也要符合学生的身心发展阶段，满足社会发展需求，教学内容是教学活动的重要组成部分，不存在没有内容的教学。教师在设计组织教学内容时，要用到教学方式。学生自身的感情、思想、能力、理论均离不开教学方式，教学方式有助于教学目标的达成。教学环境能细化成精神环境和物质环境，关系到教学活动能否顺利进行，友好的教学环境能推动教学实施，反之则对教学目标的达成起阻碍作用。教学评价有助于教学的改进和完善，能反映教学效果，合理的评价会推动学生的进步，让学生获得全方位的发展。

3.开放性

生态系统的另一个重要特点是开放性，它也是教学生态特点的重要表现之一。可以从四个方面理解教学的开放性。第一，教学主体。该主体包括学生和教师，即教学的参与者，学生和教师的思维以及想法都体现了主体的开放性。每个人都是独立的生命，他们的成长环境不一样，家庭氛围也不一样，导致受教育之前的基础水平存在差异，所以每个人的交际方法、学习方法、思考方式等都存在显著差异。第二，教学目标。教学目标分为最终教学目标和阶段性教学目标，根据最终目标，学校每个阶段都制定详细的教学目标，这些目标不是固定的、早就设立好的目标，而是开放的，即由学生和教师根据实际情况共同设立的目标，一切阶段性目标都是为了最终的教学目标。教学目标的多样性也充分体现了开放性特点，不光是知识理论有教学目标，学生的价值观、世界观、情感态度等都有自己的教学目标。第三，教学内容。教学目标决定了教学内容，教学内容的多样性源于教学目标的不同。教学内容有两个方面体现开放性：来源具有开放性，教学内容通常都是历史长河里积累下来的文化知识，文化领域自身就具备广阔性和开放性，所以教学内容的来源是开放的；内容具有开放性，教师在讲解教学内容的时候，常常会夹杂自己的主观想法和见解，所以学生学习的内容不仅仅有教材上的知识，还有教师的理解和观点，这些才是学生最终获得的理论知识。第四，教学环境。教学效果的高低易于受教学环境的影响，而教学环境又被外界条件限制。无论是精神环境，还是物质环境，都具有开放性特点，在教学中都可以被使用，这就表示教学一定要在友好的教学环境下进行。完善精神环境，可以通过班级团结一致、校园学习小组等方式进行。优异的物质环境，则可以利用教室的温度、装饰、设备摆放等方法进行创造。

4.动态平衡性

如果一段时间内，生态系统中的各个生物群体之间、生物和环境之间，能够利用信息交换、物质循环、能量流动，让各自的状态和关系保持在协调一致、相互适应、高度和谐的状态，那该状态就可以称为生态平衡。需要注意的是，生态平衡是一个不断变化的动态过程，保持生态平衡不单单是保留原有的稳定结构，更是要在人力的作用下，构建一个新的平衡状态，让生态结构更加稳定合理，可以发挥出更大的作用以及收获更多的生态效益。生态系统整体和各个组成成分不断进步和进阶的原因就在于，从平衡到不平衡，再从不平衡到达新的平衡，在这样一个周而复始的过程中发展进步。

教学体系和自然生态环境类似，课程体系是一个相对开放的体系，教育则是一种在动态平衡中不断探索成长的历程。首先，课堂教学是教师为学生讲授内容的过程，是与学生进行沟通的过程。在这一过程中，教师和学生都是教学的参与者，课堂教学是二者的沟通过程，在沟通过程中二者之间会产生许多矛盾和不协调，发现这些问题并解决，从而达到教学的目的，也只能暂时出现均衡的状态，为学生与教师达成合作与一致的状态。所谓教学就是在这种循环的过程中不断寻找维持平衡的方法，教学的过程就是：出现矛盾—解决矛盾—平衡状态—发现矛盾—解决矛盾—新的平衡状态，依此规律进行循环。其次，教学本身就是一个持续发展的过程，在这个过程中不断寻找维系平衡的方式。在平衡与不平衡的状态上反复横跳，这是一个教学发展的轨迹。也正是这些不平衡的状态，才推动了教学向平衡的方向发展。

5.共生性

共生性是自然生态一个非常重要的特征。生物与生物之间的共生性，主要包括两种：互利共生和偏利共生。互利共生就是指生物与生物之间的联系对双方的生存与发展都有促进和积极的影响；而偏利共生则是指生物与生物之间的联系只能促进单方的生存与发展，通过另一方的牺牲来换取一方的发展。

当然，整个教学过程中也存在这种共生关系。

首先，学生与教师之间的关系就是典型的互利共生的关系。在教学活动中，教师运用自己的丰富学识，传授知识技能，展现个人才华，在此过程中实现、提升个人生命价值，学生在此过程中收获学识、掌握技能、培养合理的感情、价值观、提升自己的生命价值。教师只有通过在教学活动中，对学生进行耐心的教育，使学生得到全面发展，教师的价值才能体现出来。那么，学生的发展目的如何实现呢？作为学生，在教师合理的指导下，与教师一起积极主动地参与各种教学活动，这样学生才能实现良好的个人发展。故此，学生与教师是互相帮助、相互依附、合作共赢的关系。没有了学生，教师的价值就不能很好地体现，离开了教师，学生也没办法得到良好的发展。

其次，主要表现在学生与学生之间的关系上。学生之间是相互竞争与相互合作的关系，所以学生与学生之间不仅仅存在互利共生的关系，还存在着偏利共生的关系，学生彼此之间的合作以及竞争贯穿了整个教学过程。所谓竞争关系，体现在学生之间一方成功，则另一方失败，反之，道理也一样，这就是偏利共生关系的体现。但是这只是暂时的，虽然竞争关系是一种偏利共生的关系，但是在某种意义上来讲是一种好的现象。通过双方的竞争，能够使二者之间不断地取长补短，促使双方共同发展，在这种意义上来说，双方都从中获得了利益，通过竞争关系获得了利益，那么竞争关系又变成了互利共生的关系。合作关系是一种较为常见的互利共生关系，也是最普遍的互利共生关系。学生们为了共同的目标进行合作、交流、共同学习，每一个人也都不懈地贡献出自己的力量，大家互帮互助、共同进步，每一次任务的完成，都投入了学生的汗水。由此可见，合作学习对于学生双方来说是一种双赢的学习方式，能够使双方共同获得利益。

（三）教学的生态功能

教学的生态功能与教学的生态特征息息相关。在教学中，要时刻保持充足的生态特性，这些生态特性主要从生态功能中表现出来。生态功能维护教学的正常进行，能够使教学活动更加有序地、可持续地发展，从而进一步推进人与社会、人与自然的共同发展。在这里，以生态特征为基础，大致提出了三大生态功能，包括可持续育人功能、系统规范功能以及动力促进功能。

1.可持续育人功能

"育"即教育、培育、栽培等。"育"字看似简单，但是准确地包括了教育对人的功效，主要表达了三层含义：第一层，指人的成长发育；第二层，指人的智力、生活能力等多方面能力的发展；第三层，指道德方面的加强。在整个教育教学的过程中最大而且最根本的功效是"育人"。教育教学的宗旨就是要促进学生的身心得到健康、全面的发展。这里说的可持续地育人就是指整个的教育过程是个连续的、无穷无尽的且全面的过程。

教学活动不是一个一蹴而就的过程，其成效也不是短时间内可以显现的。故此，不可能出现一步登天的情况。其一，从教学过程来看，每一个步骤都是紧密结合的，任何一步都不能缺失。就学生而言，其心理、身体的发展也是一个有次序且相互连续的过程。每个阶段教学都是环环相扣的，每一阶段的教学也都是在前一阶段的基础上进行的，这就好比上楼梯一样，一步接着一步，与此同时，上一阶段的学习也为下一阶段做好充足的准备。同样，学习的内容也要相互串联，内容与内容之间不能被随意切割，一段内容要促进下一段内容的发展，不能说哪一个章节、哪一个知识点不重要，为了整体的发展，要全面进行教学。其二，教学不仅要让学生做到"学会"，而且还要做到活学活用、举一反三，培养学生终身学习的意识和能力，这就是可持续发展的能力，这种能力可以让我们终身受益。

在教学过程中，要不断挖掘学生的潜能、培养学生的创造力。其一，在教学过程中，最重要的资源就是学生的潜在能力以及创造力，这对于学生的发展具有极其重要的作用，但是这种能力是隐藏的、无限的，不容易被自我发现的，这就需要教师通过敏锐的观察力，利用科学的方式逐渐将学生的潜在能力挖掘出来。学生的潜在能力是无限的，教师挖掘学生潜在能力的能力也是无限的。其二，教材是最重要的教学资源之一，课程又可以分为两种：一种是显课程，另一种是潜课程。显课程就是课程与教材中所描述的，并且在考核中出现的正规教学内容，而潜课程就是指不在预期范围的，但会根据正规教学随机出现的内容，包含渗透校园、家庭、社会各方面环境中的态度、价值观、礼仪、信仰等。

有学者认为，如果将课程按照是否对教育有帮助进行分类的话，大致可以分成三种类型：第一种就是正规课程，是最基础、最重要的课程，拥有相对完善的教学计划；第二种则是出现在社会生活中的行为活动；第三种是与个人发展和自我意识形成有关的非正规的或者潜在的活动。显而易见，第一种属于显课程，第二种与第三种课程大部分属于潜课程的范畴。毋庸置疑，显课程对学生的发展有着非常重要的影响，除此之外，潜课程的影响也不可忽略。它虽然是无形的，但是所涉猎的范围非常广，几乎是每时每刻都出现在日常生活与学习中，全方位地影响着学生。可见，潜课程对于促进学生发展、促进教学的作用也是不可估量的。故此，在重视显课程的同时，潜课程也应该得到教师与校方的高度重视，且应该对学生加以引导，将潜课程与显课程相互结合，二者相互配合、相互促进。从潜课程中我们可以看到，教学在挖掘学生潜在能力、培养学生创造力方面具有无限的、可持续的作用。

2.系统规范功能

自然生态系统是通过生物链将不同种类的生物联系在一起，依靠物竞天择、适者生存这一自然规律约束着整个生态环境，从而使各种动物都共同存在、共同繁荣，使整个生态环境保持相对平衡。

教学系统与自然生态系统有着非常相似的地方，教学也是一个系统，由许多烦琐的因素构成，这些因素都是有规律的，并不是乱七八糟的，它们以一种集体的、无形的方式被规范着。很显然，这样的规范在教学中并非只有一种，而是两种：一种是有形的，另一种则是无形的。有形的规范，主要是根据拟定的教学规章制度来制约、规范教学，以保证教学活动的正常运行。通常来说，制度规范是一种较为硬性的规范，有相对条例，能直接管控整个教育过程，而所谓的教师管理制度，也就是指教育的管理方面的规章制度。在当今社会，教学管理相较以往有了很大的发展，内容也更加丰富，从其定义中就能看到现代化的特点。教学规律与教学的内在含义以及教育的本质有着非常大的联系，可以通过对长期教学经验的全面总结，形成对教育活动较为稳定的共识。

教学规律作为一个抽象的常规条例，根植于所有教育工作者及学生心中，并作为一个教学的衡量标准，无须制定成文书规章，在教学中都会被严格遵守，不会违背，如若违背，不仅教学得不到理想的成果，而且还会事与愿违。规律可以自主利用，但是绝不能进行人为改造。与之相同，教学规律能被我们充分运用以推动教学发展速度。教学规律通常可分为四条：一是教学的目的、任务和内容取决于社会需求；二是教学与发展之间存在着相互牵制但又相辅相成的关系；三是教师的教和学生的学相互作用；四是教学效果受到合力的影响，即教学诸要素所形成的一种合力。各种规律的存在是必然且不可避免的，但我们只要对它有一个理性的认识，就能够利用规律为教学服务提供诸多便利。

3.动力促进功能

教学的基本功能就是动力促进，它本身就可以作为一个动力系统来使用，用以推动教师和学生的发展。李森教授（1998）在其所著的《教学动力论》这本书中，对教学动力这一领域进行了系统的研究，主要是从教与学之间的矛盾以及教学系统内部之间构成要素所形成的矛盾与教学过程与社会过程所产生的矛盾等维度进行分析，提出可以以矛盾论为武器处理方法论。这里就不再详细说明教学系统中各个要素在对立统一中发展的过程，而是从学生的学习动机角度分析教学的动力促进功能。动机是指学生学习的内动力，只有拥有这种内动力，他们才能够全身心地投入学习中，才能提高其学习质量并提高教学效果。内动力也不是凭空出现、独立存在的，它以学生对学习的喜恶、态度以及学生的意志力为物质基础，与学生的美好理想息息相通。由此看来，如果想完成教学过程中的各项任务，提高教学的质量以便推动学生向积极方向发展，可以对学生的日常进行一定的观察，增加了解，更好地发掘学生的各种兴趣，培养其内动力。

首先，教学的一大主要任务就是培养学生的内动力，要对他们进行积极的引导，帮助其树立远大目标及理想。其次，对于学生内动力的培养，教师应当起到标杆作用。作为教师不仅要有充分的知识储备，也要具有积极向上的生活态度和教学热情，同时，还要学会利用自身的魅力对学生产生影响，这种方式可以最大程度地对学生的发展起到推动作用。没有哪个学生会喜欢听一个只会生搬硬套、照本宣科并且将自身情绪带到课堂上的教师授课。最后，如果想要培养学生的内动力，教师应与学生多沟通，以增加对学生的了解，从而做到因材施教，根据学生的实际情况，制定恰当的教学方案，帮助学生找到学习的乐趣，这样一来，学生就会积极地参与到教学过程中，把学习当作本职工作去做。

由此看来，以生态观为立足点，教学的本质是具有生态特性及功能的，也就是说，教学自身就是一种绵绵不息的生命活动，它是一个全面的、活跃的、自由的、稳中求进的系统。从最早的教学开始，随着人类的不断发展，教学也是历经数千年的锤炼，在形形色色的因素影响下，它发生了数不清的变化，几乎行至终局，也经历了多次促使它回归本真的变革。事实上，对于这种性质的变革，它的目的就是要让教学的生态性透明化，从而推动其快速发展。由此可知，我们对于教学的生态化在进行着持续无间断的努力，并取得了一定的成果，生态化教学不会是虚幻，终有一日不会只是我们的理想，而是会成为事实。

（四）教学的生态课堂

1.生态课堂的构成要素

生态系统是指在一定的范畴（范围）内存在的生物和环境互相影响的、能够转换能量、物体反复吸收以及消息更迭的整体，它的基础方面是生命体系里每一个因素互相之间的联系、影响、作用方面的协调。在自然环境中，但凡在一定范围内生存的生命体及非生命体都会互相影响，形成一些技能上的固定性，即使是在非常短的时间内形成的，该全部体系就能叫作生态体系。

生态课程是从生态学的角度、观点及手段来观看、思索、辨析的课程。课程是通过生命体和它所存在的生活场景一起构成的体系的全部。在这个体系中不但有生命体互相之间的亲密关系以及互相依赖，还有生命体和场景，也可以说是和场景里的其他生命体互相之间的关联及影响，他们在一起生存的过程中通过协作构成了生命共同体。课程按照生态体系的组成元素来说大致涵盖了课堂生态对象、教育消息以及课上生态场景等。课堂生态对象涵盖了教师和同学。属于自然界的生态体系里三种组成元素：生产者、消费者、分解者。涉及课上生态体系，从文化的"给予—吸收"层面来观察，课上的教师以及同学的关系是生产者和消费者的关系，教师属于完善信息及踊跃组织的领路人，同学们被视为吸收文化的消费者一类的，可是同学们不是在等着"汲取"文化，而是利用文化以及现有的阅历进行混合及适应，踊跃自动地展开创建。教师和同学们在上课时经过互相影响产生了教师和同学的联系，这种联系一直处在某种变化之中，遵守生态学的"守恒—非守恒—守恒"循环往复的规律。教育信息包含授课的具体知识。教育信息课是授课的枢纽，也能算作课堂生态体系里的"食物链"。它是能够让生态体系持续地充满朝气和希望的枢纽，其限制了在该生态体系里的每一个元素相互间的等级联系和产生的影响。在课堂的生态体系里面，教师和同学们的关系就受限于"食物链"，在教师和同学们周围、同学和同学周围或是教师同学和场景周围都是通过信息的完善以及传播来促使课堂生态体系能够保持守恒。但凡缺失了信息的传播，缺少了通过信息传播创建的联系，那么该课堂就会变成无根之木。在整条食物链里，教师和同学们的位置是平等的，一定不要出现等级之分，应使用该食物链把它们紧紧地连接起来，实现一致的目标。

2.生态课堂的功能

生态课堂里的功能是指特性和能力在系统的内部和外部之间相互联系、相互渗透，从而表现出某种特定的形态，可以称之为特定的作用和能力。在系统中的行为引起的功能有一定的积极影响作用，对系统内的整体和个别都适用，但不同的系统都具备其相匹配的特定功能。我们称系统行为就是系统中环境出现的变化。生态系统有三个重要功能，即能量运转、信息传递以及物质循环，生态系统的循环运行都依靠这三大功能。生态课堂只需具备一般功能，在教育行业中作为生态系统的微观存在。生态课堂由结构功能和环境决定系统组成，各种结构和环境因素之间在系统内部相互交互，内部功能与外部作用的相互合作促进了课堂的积极发展。

课堂生态由形态结构和营养结构共同组成，形态结构是师生和环境之间交互形成，营养结构是内外部的物质交换传递形成。如果二者相互结合让系统恒定平稳运行，教师和学生之间的交互交流必然是不可缺少的，同时物质能量和信息交换的流动会不断给系统注入新鲜活力。很多研究学者对这种结构和环境对系统形成的影响有不一样的看法。

生态系统的组成内容、本身及环境都有不同的功效。而李森等学者对于课堂生态的功能作了阐述，他认为规范性、可持续性、系统促进和供给这些功能是最主要的。黄远振等介绍了以下功能：中间媒介和传递、组建和加工、调控和顺应、发展和推进。窦福良阐述了系统内部相关的能量流动、物质和信息交换以及群体之间的交流等。张舒总结了包括中介、联系、推进、发展、模范的功能。潘光文归纳了滋养、参考、推进发展和模范引领四个功能，将课堂生态侧重理解为系统性的课堂生态，而组建生态课堂就是运行系统的主要内容和优化课堂的目的。由生态课堂表现出来的特征结合系统性能得出对社会产生影响的作用，联系内部的结构和关系以及整个系统群体，总结出了四种有关课堂生态的功能。

（1）生态课堂优化结构的功能

课堂生态是主体加环境组成的，二者的稳定结合形成了最基本的课堂生态结构。教师拥有坚实的学识基础和优良的教学方法，能更好地为学生传输理论知识，学生也能更好地获取和运用知识。课堂的营养结构显而易见，教材在其中扮演着不可或缺的角色，因为通过对教材的学习，学生能够汲取知识、开阔视野，了解这个世界。不过在当今这个信息技术高速发展的时代，人们的思维也在不断开拓，不再拘泥于单一的传统教材来获得知识，利用网络和多媒体等多种技术手段，将以往的被动学习转向了对知识的主动发现和吸收。除了教师以外，学生也能成为学习的传播者，教师和学生可以学习彼此，达到一个双赢的局面。目前，传统课堂的结构发生改变，走向共建持续发展的生态课堂新局面。

（2）生态课堂调谐关系的功能

师生之间的关系，也是课堂生态的重要组成部分。教师和学生作为系统中的主体部分，对于课堂的作用也是相当重要的，在不同的学习活动中教师和学生的关系也不固定，既是相互依存的，也是不断发生转变的。生态课堂不是单一地讲课，而是为师生增添更多的交流与互动，迅速拉近二者之间的距离，让二者的关系变得更为稳定和谐。除此之外，更重要的一点是，以往的课堂体现的是单方面交流，而生态课堂是为师生提供了多方面交流的方式。多维度的交流手段可以加强人与人之间的情感关系，对情感会产生一定的影响，教师对学生的学习起到影响作用，反之学生也能够影响教师，这种交流应是积极向上的，否则会打破师生之间的和谐共处。对于生态课堂中的主体和客体的存在关系也需要进一步优化，以达到一个平衡。

（3）生态课堂促进演化的功能

生态系统的平稳运行能够确保系统的动力充足，而系统内外的物质的交换和能量、信息的流通传递则是生态系统平稳运行的保证，课堂生态的生态部分属于社会，而不属于自然，人们接受的能量不是来自太阳，而是来自系统环境中人与人之间的交流互动，所以课堂上教师和学生的交流对教学有积极的促进功能，同时这也需要教材、人际关系、学习方法和正确的价值观相配合。系统中信息的来源主要是教师创造知识的能力和知识转化的本领，这些源源不断的知识驱动系统产生信息和智能流动，可以用以改善教师和学生学习的环境，也能够加强系统的流畅度，使生态课堂更加自然。学生通过将社会外部的知识进行学习和加工，转变成重要的技能和经验回到社会中，为社会的深远发展做出重大的贡献。

（4）生态课堂生态育人的功能

生态系统最基础的作用就是提高生产力，课堂生态的基础作用是培育精英。本书所说的生态育人蕴含了以下含义。

生态对象的共同成长。人属于教育的关键因素，育人是教育的基础工作，因此课堂生态的作用追根究底是育人的作用。融洽和共存是生态课堂的基本特性，生态课堂的最终目的是教师和学生同步发展。传统课堂重视学生成长，但是生态课堂更注重的是教师和学生的同步成长，完成教师变化推动学生变化、教师进步发展推动学生进步发展的任务。

生态对象的可持续发展和均衡发展。传统课堂将学生作为生产过程中的商品进行加工，过于关注应试教育，忽视了学生的情感体验和水平进展。但是现代生态课堂更关注学生的多样化发展，而不仅仅被成绩限制，争取德、智、体、美、劳共同协调发展。

二、基于翻转课堂的大学英语生态教学的策略

（一）加大经费投入，促进对英语教学硬件设施的维护与更新

大学英语教学硬件条件的好坏对教学活动的开展和教学效果的优劣有直接的影响。学校应加大资金投入力度，改善大学英语教学硬件条件，为学生提供良好的学习环境，提高学生的学习兴趣。

（二）提供各种书籍、期刊等丰富的学习资料

教学书籍、期刊等资料对学生学习英语知识起到关键的作用。为了让学生学习和了解更全面、新颖的大学英语信息，学校应丰富图书馆中的英语学习资料，确保英语学习资料的种类、数量和质量能满足学生的需求，营造浓郁的学习氛围。

（三）建立和谐的人际关系

在基于翻转课堂的大学英语教学中，师生与生生之间建立和谐的人际关系对于营造良好的课堂氛围、优化教学环境及提高教学效率具有重要意义。具体来说，教师要从以下几方面努力建立、改善及维持师生关系。

第一，大学英语教师要与学生建立和谐关系，就要先对每名学生的英语基础、英语学习兴趣等加以了解，在英语课上针对不同学生的需要进行个性化教学，并尊重学生的个体差异，重视每一位学生的主体地位，平等对待每一位学生，积极调动学生在英语课上的学习热情与自觉性，鼓励学生参与到集体的英语教学活动中来，与学生建立亦师亦友的关系。

第二，大学英语教师在课堂上应善于运用现代化教学手段与学生互动，如播放教学视频，与学生共同讨论视频中的内容，提醒学生应该注意哪些细节，并启发学生思考和提问，现场解决学生的疑问，这样不仅提升了学生的学习兴趣，也使师生互动交流的机会更多。

第三，大学英语教师可以在大学英语课堂教学中组织一些集体性的游戏或比赛，让学生以小组为单位参与活动，引导学生团结友爱，互帮互助，相互配合，培养学生的集体主义精神与合作意识，使学生在合作中建立与巩固友谊，共同学习与进步。

（四）培养大学英语教师的信息化教学能力

在基于翻转课堂的大学英语教学中，不管是大学英语教师还是学生，都能迅速便捷地获取丰富的教学信息与资源，而且师生在这方面拥有均等的机会，学生获取学习信息突破了课堂教学与教师传播这些单一的渠道，能够自主从移动网络上获取更多可靠的有帮助的重要学习资源。这种教学变化形式对大学英语教师的角色、作用及能力都提出了更高的要求，大学英语教师要主动适应翻转课堂教学环境，树立翻转课堂教学理念，学习翻转课堂教学方法和手段，将这些理念、手段充分融入大学英语教学中，加快推进大学英语教学的现代化、信息化发展。这是时代的要求，也是大学英语教师自我发展和实现自我价值的要求。大学英语教师可以使用移动APP参与网络课程的开发设计、分析研究、辅导领航等，角色的多样性增加了大学英语教师的责任感和使命感，大学英语教师必须自觉提升自己的信息化教学素养和现代化教学能力，扮演好每一个角色，为学生学习提供最优质的服务。

第三节　基于翻转课堂的大学英语OBE教学

一、OBE教学理念阐释

（一）成果导向教育（OBE）理念

OBE理念的全称是Outcome-Based Education，这一理念是由美国社会学家

William G. Spady（威廉·斯派蒂）于1981年提出的。1994年，他在他的著作 *Outcome-Based Education：Critical Issues and Answers*（《基于产出的教育模式：争议与答案》）里对OBE理念的内涵进行了定义："清晰地聚焦和组织教育系统，使之围绕确保学生在未来生活中获得实质性成功的经验"。然而，澳大利亚教育部门也对OBE理念的内涵作出了解释，即"实现学生特定学习产出的一种教育过程，教育结构和课程是教育过程的手段而非目的，如果该过程不能培养学生的能力则需要被重建"。通过以上对内涵的定义可知，OBE理念重点关注的是学生的学习成果，所有的教学活动都要以学生为中心，围绕学生的学习成果而展开，即"成果导向、学生中心、持续改进"。因此，在开展教学活动前我们首先要清楚学生在结束学习之后有哪些学习成果，以怎样的手段和方法来实现学习成果，用何种方式评价学生所获得的学习成果，在此基础上来安排合适的教学活动，以保证顺利实现预期的学习成果。

李志义、朱泓、刘志军、夏远景（2014）归纳了 OBE 的实施框架：一个核心目标、两个重要条件、三个关键前提、四个实施原则、五个实施要点（见图7-1）。

图7-1　OBE三角形实施框架

1.核心目标
每个学生都要达成的最终的顶峰成果。

2.重要条件
（1）描绘成果蓝图，明确学生应达到的能力，使学习成果清晰化。

（2）创设成功环境，为学生提供合适的条件和机会以达到预期目标。

3.关键前提

（1）通过学习每个学生都可以获得成功，但是所需的时间不同、采用的方法不同。

（2）成功是成功之母，即一次学习的成功会促进下一次学习的成功，层层递进，最终达到顶峰。

（3）学校掌握着学生成功的条件，因此学校应提供更多的学习机会和学习资源给学生，以帮助他们达成最终成果。

4.实施原则

清楚聚焦、扩大机会、提高期待以及反向设计是在真正落实OBE理念过程中应遵循的四项基本原则。这四项基本原则的提出是建立在两个前提基础之上的：

（1）教育对人才培养提出的基本要求具有可判断性。

（2）每个学生的发展存在无限可能性。

考虑以上两点，斯派蒂（Spady）才构建了实施OBE理念的基本原则。

第一，清楚聚焦是实施 OBE 理念最基础且最关键的一条原则，它要求教师和课程计划者清楚地聚焦于他们期待学生最终获得的学习成果，并以此来开展教学设计和教学活动；不仅如此，它也对学生提出了要求，学生要把学习目标明确地聚焦于学习成果上面。

第二，扩大机会这一原则是指学生个体之间具有差异性，他们可能不能用同样的方式和同样的时间取得相同的成果，但是 OBE 理念相信"人人皆能成功"，因此学校和教师应尊重学生个体之间的这种差异性，提供指导，灵活安排教学时间和教学资源以及进行科学评价，从而保证每个学生都有成功的机会。

第三，提高期待这一原则指在教学实践过程中教育者对学习者设定合理且高于他们自身水平的教学目标，这个教学目标要遵循最近发展区这一理论，需具备挑战性，同时也要不失可实现性。但需要注意的是这个教学目标不是固定不变的，要跟随学习者的变化发展而进行动态设定，始终以学生的发展水平为依据，构建更高一级的标准，从而保证"成功到更成功"的学习的有效推进。

第四，反向设计这一原则与预定的学习成果密切相关，即这些成果不仅是教学设计和课堂活动安排的终点，也要以此为起点反向设计课程，认真思考怎样以最终的成果为出发点，自上而下地设计活动才可以保证学习成果的顺利实现。

以上四个基本原则息息相关，缺一不可。

5.实施要点

斯派蒂（Spady）在构建出的金字塔结构中，列出了在实际应用OBE理念时应遵循"确定学习成果""构建课程体系""确定教学策略""自我参照评价"以及"逐级达到顶峰"这五个实施要点。

第一，学习成果指的是学生在结束某一门课程的学习之时或者之后能够取得清楚的、可以看见的、可以证实的成果。在明确学习成果时应考虑多方面的因素，包括社会、学校、家长和学生本人，这些成果不仅是教学设计和课堂活动安排的终点，也要以此为起点。

第二，构建课程体系是在明确学习成果之后，可以通过一种或者多种课程来实现这些学习成果，同时，一门课程也具备完成多种成果的能力，它们相互之间存在着清楚的映射关系。

第三，教学策略是帮助实现学习成果的有效手段，与以教师为中心的传统教学方式大为不同，OBE理念强调要以学生为中心，关注学生的学习结果、能力；同时 OBE 理念更多关注的是输出而不是输入；此外，由于学生个体之间存在差异性，OBE理念也提倡个性化教学，教师要依据学生的特点、目标、学习进度等采取因材施教的方式，制定有针对性的教学方案。

第四，自我参照评价应根据学习成果，对学生所取得的成果以及能力的提升进行多元、个性化的评价，而不是仅仅对学生进行终结性评价。

第五，逐级达到顶峰指的是拆分学习成果，把学习成果定级，让学习者在学习过程中逐渐实现由低级到高级的转变，最后走向顶峰，这表明学生可能花费不同的时间，采取不同的学习手段和方法，但是他们最终会抵达相同的目标。

（二）OBE理念在课程建设中的实施要点

教师应通过深入挖掘OBE理念的内涵，结合课程建设的本质要求、内在规律，提出 OBE 理念在课程建设理念、课程目标、课程内容、课程教学模式、课程评价、课程建设质量评价与持续改进六方面的实施要点，并将以上实施要点落实到教学全过程中。

1.以OBE理念为引领，落实立德树人根本任务

发展教育，理念先行。OBE理念的内涵主要体现在需求导向、能力本位、促使全体学生成功、关注学生学习成果评价、持续改进等五方面，将OBE理念的内涵、课程建设的本质要求和内在规律相结合，依据高校的特色，贯彻以人为本的理念和全面发展教育的理念，坚持"育人为本，德育为先"，更加科学合理地进行高校英语教学改革。课程建设的核心是落实立德树人的根本任务，应深刻把握立德树人的内涵，将学校作为发挥德育的主阵地，思政课作为落实立德树人根本任务的关键课程，培养出地方所需要的高素质应用型人才，真正落实立德树人的根本任务。

2.以需求为导向，制定课程目标

高校培养人才需明确人才培养目标，人才培养目标的制定必须依据国家、社会、学校、专业和学生自身等多方需求和地方人才培养要求；人才培养目标决定毕业要求，即毕业要求的制定必须依据内外部需求，确定学生毕业时应具备的知识、能力、素质，再由毕业要求确定毕业要求指标点，毕业要求指标点决定课程体系，课程体系决定每门课的课程目标，即每门课应该支撑学生某一方面的知识、能力、素质，因此在课程目标制定时，一定要考虑对学生知识、能力、素质的支撑作用。

3.以学生全面发展为本，优化课程内容

每一门课程要支撑学生某一方面的知识、能力、素质，多门课程构成的课程群要支撑学生本专业核心的知识、能力、素质。为了保证每堂课的完整性，不仅要注重知识的传授，更要关注学生能力、素质的培养，所以要完善能力、素质方面的课程内容。OBE理念强调能力导向，关注学生能力的获得，培养学生解决复杂问题的能力和实践应用能力。学生素质的提高要求高校必须大力加强课程思政，深入挖掘课程思政元素，并将其融入课程内容中，提高学生的道德修养和思想品格，落实立德树人的根本任务，实现学生的全面发展。

4.以学生为主体，改革课程教学模式

以OBE理念为引领，在课程实施过程中强调以学生为中心，关注学生的主体地位，培养学生解决复杂问题的能力、创新能力和终身学习等多方面能力与素质，总体来说特别突出对学生能力、素质的培养。传统的教学模式以教师为中

心，忽略对学生能力和素质的培养。因此，教师在教学过程中，必须转变为以学生为中心，合理运用现代化手段改革课程教学模式，实现课程教学模式的多样化，帮助学生更好地获得能力素质，促进学生全面发展。

5.以过程性评价为重点，开展课程目标达成度评价

课程目标达成度评价是课程教学过程中和课程结束后，对学生所获得的知识、能力、素质进行评价，即课程目标达成情况的评价。课程目标达成度评价既要重视终结性评价，更要重视过程性评价。这是由于学生的学习成果往往体现在教学过程中，教师在教学过程中要对学生知识、能力、素质的获得情况进行实时跟踪评价，并综合终结性评价，全面分析学生获得的学习成果，及时反馈评价结果，并加以改进，使之更接近教学目标和课程目标。因此，课程目标达成度评价不仅仅要重视终结性评价，还要重视过程性评价。

6.以提高能力和质量为目的，实施课程建设质量评价与持续改进

为了提高课程建设质量和学生的综合能力，必须实施课程建设质量评价与持续改进。课程建设质量评价能够检验课程建设质量好坏，并为后期的持续改进提供重要依据。通过制定课程建设质量标准及明确课程建设质量评价内容与指标，构建课程建设评价指标体系，确定评价主体、评价方法及评价周期，同时对评价结果及时反馈，并进一步持续改进，形成完善的课程建设质量评价机制，促进课程建设目标的有效达成。

二、基于翻转课堂的大学英语OBE教学的策略

（一）OBE 理念与大学英语翻转课堂教学模式融合

1.OBE理念与翻转课堂教学模式理念相契合

OBE理念要求根据内外部需求确定课程目标后，对大学英语教学过程与教学评价进行反向设计，将以往"教师讲授什么"转变为"学生学到了什么"，以学生最终能达成的能力指标作为教学评价的依据。大学英语翻转课堂教学模式要求大学英语教学过程的整体翻转，将"课上学习知识—课后内化知识"转变为"课

下学习知识—课中内化吸收"。把大学英语课堂上更多的时间还给学生，让教师与学生的角色发生转变，培养学生的综合能力。OBE理念与大学英语翻转课堂教学模式的教学理念相互契合，都强调以学生为中心、培养学生的综合能力，在教学过程中以多样化的学习资源辅助学生进行课程学习。

2.OBE理念与大学英语翻转课堂教学模式的有效连接

OBE理念是一种指导性理念，在明确教学目标后对教学内容、教学活动、教学评价等进行反向设计，使学生的学习更具指向性和针对性。翻转课堂教学主要对具体教学内容和教学活动进行重新设置，教师讲授部分翻转到课前进行，课中以知识内化吸收为主。OBE理念与翻转课堂的连接，可以在OBE理念根据社会、企业对人才的需求、学习者特点重新定义教学目标后，结合翻转课堂教学模式的特点，对课程内容和活动进行重新设计，在提高学生学习兴趣的同时，增强教学的有效性与实用性。

（二）基于OBE理念的大学英语翻转课堂教学模式的设计原则

1.成果导向

基于OBE理念的大学英语翻转课堂教学模式以成果为导向，强调大学英语教学过程中教学设计要聚焦在学生最终可获得的学习成果上，大学英语教学活动的全过程应围绕学生最终可获得的学习成果进行，之后对大学英语教学过程与教学评价等各元素进行反向设计。教师要让学生知道他们正在达成什么样的大学英语教学目标，为什么要达成这一教学成果，以及如何实现大学英语教学目标。

2.以学生为中心

基于OBE理念的大学英语翻转课堂教学模式的教学全过程应以学生为中心，新教学模式要求在高效的大学英语教学活动中，对学生的自主探究能力和自主学习意识进行培养，让学生在教学实践中能够有目标地、自主地进行探究学习。教师应对学生教学活动结束后需要掌握的专业知识与技能进行全面分析以进行教学设计，在教学实施的过程中以学生的发展为主线，教学效果的顺利实现为关键，将课堂还给学生，尊重学生的主体地位，充分激发他们的学习热情，帮助学生实现任务成果并完成知识内化吸收。

3.扩大机会

"扩大机会"意味着学校和老师应尊重学生之间的个体差异，给学生提供更多的机会，帮助他们达到学习成果。基于OBE理念的大学英语翻转课堂教学模式强调要让所有学生都能在学习过程中获得成功，但是学生获得成功的时间和方式是不一样的，教师应给学生提供更丰富的学习资源，使用更灵活多样的方法，以丰富学生的学习体验。教师还应要以更弹性的方式让学生进行个性化学习，以更丰富多元的评价机制，给予学生更多的机会，帮助学生达成英语学习目标。

4.持续改进

基于OBE理念的大学英语翻转课堂教学模式的教学评价不但用于评判学生的英语学习情况，更是为了获得英语学习反馈，及时发现大学英语教学过程中存在的问题，对大学英语教学全过程进行持续改进。持续改进有利于教师对大学英语教学目标与教学过程进行完善，使大学英语教学全过程更符合学生的英语学习特点与需要，发挥更好的教学效果。对学生进行教学评估时，要注重过程性评价，以更好地掌握他们的学习状况。

5.线上线下相结合

基于OBE理念的大学英语翻转课堂教学模式打破了学习时间、空间上的界限，结合教学云平台，以线上线下相结合的方式对学生进行教学。将传统大学英语教学模式中教师课堂讲授、课后解决问题转变为课前线上学习、课中线下教师指导学生合作探究、交流讨论。线上教学环节的加入，以新颖的学习资源吸引学生注意，在丰富学生学习体验的同时，满足学生个性化学习需求，与线下教学环节相结合，扩宽学生知识积累，激发学生的学习积极性与主观能动性。在确定课程目标时，教师可根据不同教学环节设定不同教学目标，在课前线上教学环节以达成低阶知识目标为主，而课中线下教学环节推动学生达成高阶思维目标。

（三）基于OBE理念的大学英语翻转课堂教学模式的设计思路

本书基于OBE理念的大学英语翻转课堂教学模式的设计思路以"教学目标确定与内容重构—教学过程设计—教学评价设计"为主线展开，教学设计全过程坚持以成果为导向，对教学内容、活动进行反向设计，整个教学过程线上线下相结合，在教学完成后根据学生在教学过程中的表现进行多元评价，根据评价结果对教学目标、教学活动进行持续改进，以提升学习成效。教学设计思路如图7-2所示。

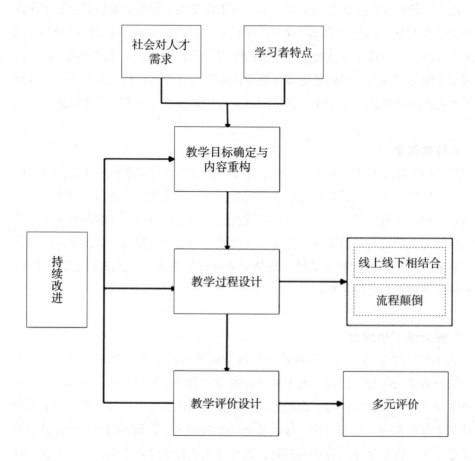

图7-2　基于OBE理念的大学英语翻转课堂教学模式的设计思路

（四）基于OBE理念的大学英语翻转课堂教学模式的教学目标与内容重构

基于OBE理念的大学英语翻转课堂教学模式（图7-3）在确定大学英语课程教学目标时，应根据社会对人才的需求以及学习者的特点进行综合性分析。社会对人才的需求决定了我们需要把学生培养成什么样的人，使学生的学习成果能顺利地在对应岗位上使用，而学习者的特点能使制定的教学目标更贴合学生的学习特性。在明确了教学成果后需要将各项教学成果细化成对应的能力指标，即学生经过一段时间该门课程的学习后，能获得的教学目标。

　　大学英语教学目标的设计应与布鲁姆教学目标分类理论相结合，使学生能根据教学目标的等级明确各学习成果的掌握情况。在对大学英语教学目标进行描述时应采用明确的结果性质描述，帮助学生更好地判断教学目标的达成情况。在对大学英语教学成果进行重新设定后，有必要对教学内容进行重构，使教学内容能更好地支撑课程教学目标。

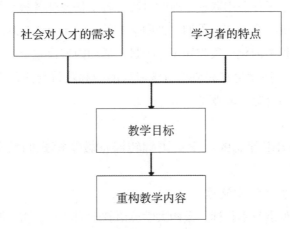

图7-3　基于OBE理念的大学英语翻转课堂教学模式的教学目标确定与内容重构

1.教学目标确定

（1）社会对人才的需求

　　OBE理念强调以成果为导向，根据学生毕业后的职业发展需要来制定课程教学目标。学习成果的制定应对接行业岗位要求，综合考虑社会对人才的需求以实现学生的可持续发展。社会对人才的需求主要指社会岗位对求职者提出的各方面要求，包括应掌握的知识与技能、具备的职业素养、综合发展能力等等。在制定大学英语教学目标时可通过网络对对应岗位要求进行信息搜索，了解当前就业形势，明确企业的需要，或者通过对对应岗位就业的毕业生进行访谈、向相关企业咨询的方式，为大学英语教学目标的制定提供参考。

　　（2）学习者的特点

　　基于OBE理念的大学英语翻转课堂教学模式强调以学生为中心，因此在制定课程目标时，需充分考虑学习者的学习特点，了解学生的基本情况、学习习惯、学习方式等。大学英语教学目标设置上不应太难，以免挫伤学生学习的积极性。在制定大学英语教学目标时应分析学生对学习该门课程、课堂活动的期待，结合最近发展区的理念，对课程进行总体设计。

2.教学内容重构

在对教材内容重构过程中，以原教材内容为基础，对大学英语教学内容进行适当拣选，内容设置上应具有综合性、创造性，加入对应行业最前沿的知识与技术，拓展学生的知识面。大学英语教学内容以项目、活动为主线，将各模块的核心内容分解为多个子任务串联整个教学过程，各子任务将各教学模块的理论知识与实操性知识有机结合，充分贯彻"做中学"的大学英语教学理念，让每个学生在动手实践的过程中内化、吸收知识。项目、活动内容设置上应与当前行业最新发展要求相对应，使学生在完成项目学习后能顺利获得与岗位要求相匹配的知识、技术技能，拥有综合职业素养。

（五）基于OBE理念的大学英语翻转课堂教学模式的教学过程设计

1."三环十步"教学流程

在确定大学英语教学目标、重构大学英语教学内容后，需要配备相应的大学英语教学资源、设计对应大学英语教学流程、确定大学英语教学方法以支撑大学英语教学成果。基于OBE理念的大学英语翻转课堂教学模式强调采取线上线下相结合的方式实施大学英语教学，借助云教学平台，无论是学习空间上还是时间上与传统大学英语教学模式相比都更灵活、自由。通过对OBE理念以及大学英语翻转课堂教学模式进行深入分析，本书设计出"三环十步"教学流程，如图7-4所示。

（1）课前线上自学环节

①上传学习资源。OBE理念要求大学英语教学成果清楚聚焦。上课前，教师需要确定大学英语课程教学目标，在此基础上进行整体大学英语教学设计。在大学英语教学云平台上传相关学习资源供学生进行课前自学，学习资源应尽可能地贴近学生日常生活，以提升学生学习兴趣，使学生产生共鸣。微课资源时长不应过长，控制在学生有效学习时间内，难度不宜过大，以免影响学生对本节课的学习兴趣和学习积极性。通过这一步骤让学生明确课程学习目标，学习本节课的基础知识，获得学习成就感。

②跟踪学习情况。学生在完成课前自学环节的学习后，还应积极完成课前小测任务，向教师反馈课前学习效果。对于遇到的疑难进行适当标记，以便在课堂

上展开讨论。教师及时跟踪学生课前自学环节的学习情况对课中教学环节进行适当调整，使教学活动更具针对性和适应性，同时对学习资源、课前小测完成情况进行记录，作为其中一项结果对学生进行过程性评价。

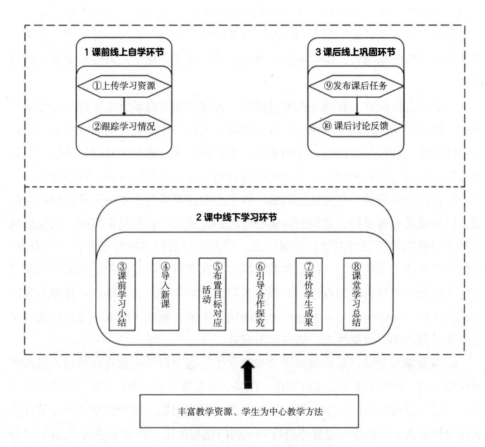

图7-4　"三环十步"教学流程图

（2）课中线下学习环节

课中线下课堂学习环节主要采取教师辅助学生解决问题和组织学生进行线下交流讨论、合作探究的方式进行。课中课堂学习环节和课前自学环节并不是相互独立的，他们是相辅相成、互相促进的。课中教学环节是对课前自学环节知识的深化学习，也是提升学生综合素质的关键环节。

①课前学习小结。大学英语课堂教学活动实施前，教师需对课前自学环节的内容与学习情况进行小结，之后带着学生一起回顾课前学习内容，梳理课前学习环节的重难点，讲解课前小测题目。

②案例导入新课。课堂小结后，以学生感兴趣的案例导入新课，向学生提出问题，激发学生思维，引起学生注意，让学生通过讨论和分享来解决问题。

③布置目标对应活动。基于OBE理念的大学英语翻转课堂教学模式课中学习环节通过组织学生交流讨论、合作探究的方式进行。教学活动设置上应与课程目标相对应，使学生完成活动探究后能顺利获得学习成果。在这一环节中，教师需要让学生明确活动内容，学生确定分组后给学生发放完成活动需要用到的工具与材料。

④引导合作探究。在活动探究过程中，教师需要实时监督学生课程任务完成情况，把握时间和控制课堂秩序，认真观察学生在合作探究时的表现并记录他们遇到的问题，加以适当指引，鼓励学生克服畏难情绪，遇到困难时与小组成员共同合作，有刻苦钻研的精神，学会使用现有的学习资源共同分析、解决问题。

⑤评价学生成果。在完成活动后，各个小组需要派代表对成果进行展示与汇报，讲解成果完成思路、遇到的问题和解决的方法等。在组员汇报时，其他小组成员可以对组员汇报情况进行拍摄记录，帮助汇报员回看视频反思自己的表现，以提高学生语言表达能力、仪态和汇报能力。在小组汇报过程中，教师可以邀请其他小组对学生成果进行点评，汇报完成后，教师需要对每个小组的整体表现进行总体评价。对学生活动成果进行评价能使学生更客观地了解成果完成情况和学习表现，促进学生自我反思，提高学习成效。

⑥课堂学习总结。最后教师需要带着学生一起对教学内容进行总结，梳理巩固课堂知识，帮助学生突破重点难点。在整个课堂教学环节中，应坚持以学生为中心，给学生足够的空间让学生自行发现问题、解决问题。课中课堂学习环节让学生在合作交流、互动探究过程中进行知识的内化与运用，助学生达成"应用""分析""评价"高阶学习目标，同时提升学生的团队合作能力、分析解决问题能力等。

（3）课后线上巩固环节

课后线上巩固环节主要对课堂知识进行巩固，促进知识的迁移与升华，对于部分知识点还可在这个环节给学生提供拓展学习资源供学生进行学习。这个教学环节主要通过云学习平台进行。

①发布课后任务。教师在云教学平台发布课后任务。教师需要提前准备好课后作业及相关资源，资源应具备趣味性，以提升学生学习的积极性。

②课后讨论反馈。在课后讨论时，教师可以组织学生分享本节课的学习心得和遇到的问题，让大家一起交流讨论。教师应充分发挥引导者的角色，引导学生对问题进行思考、协助学生解决疑难。通过鼓励学生多发言，帮助学生吸收、理

解本节课的学习内容，帮助部分学生克服胆怯，培养他们的自信心。如果学生对教师教学有什么意见也可在这个环节提出，彰显学生的主体地位。根据学生课堂学习成效、成果达成状况，对教学活动进行持续改进，反思教学过程。课后学习环节使学生实现知识的巩固和迁移，同时可以培养学生综合能力，帮助学生达成高阶目标。

（4）教学方法

教学方法是学生在大学英语教学活动中达成大学英语教学目标的手段，好的教学方法能提高学生的学习兴趣，使学生更好地掌握课程内容。基于OBE理念的大学英语翻转课堂教学模式强调以学生为中心与扩大机会的教学设计原则，所谓"教无定法，学无定式"，我们可以采取多种教学方法与模式让学生进行该门课程的学习。如任务驱动法，任务驱动法在大学英语教学活动中，教学目标会被教师设置在教学任务中，之后让学生根据任务书的内容自主探索，通过与小组成员共同协作、自主探索完成教学任务，充分发挥学生的主观能动性，培养学生多方面能力。除了任务驱动法之外，项目教学法同样可以应用在基于OBE理念的大学英语翻转课堂教学模式中，项目教学法以"确定项目、制定计划、活动探究、作品制作、成果交流、活动评价"为教学设计思路。教师设计一个与课程内容有关的项目，然后让学生自己通过搜集与项目相关的信息、设计解决方案结合课堂知识去实施项目，整个过程到最终对项目的评价，学生都需要参与其中。学生通过完成项目实现知识内化，达成教学目标。

（5）教学资源整合

基于OBE理念的大学英语翻转课堂教学模式强调扩大机会，根据学生的特点和需要为学生组织丰富的教学活动、提供优质的教学资源。教学资源有利于教学活动顺利开展，激发学生学习动力，助力高效率达成大学英语课程学习目标。在大学英语教学模式实践过程中，可以给学生提供以下教学资源。

①可视化学习资源。可视化学习资源包括微课、视频等。可视化教学资源时长需控制在有效学习时间内，解释清晰易懂，最好辅以动画片段，以激发学生学习兴趣。

②课程教学课件。PPT为学习过程中重要的学习资源，它既可以在课堂上辅助教师讲解新的知识，也可以帮助学生课后及时对知识进行梳理与巩固学习。在大学英语教学活动实施过程中，当学生遇到疑难，也可以通过大学英语教学PPT查找答案。一个好的大学英语教学PPT使学生对大学英语知识的掌握更具逻辑性与系统性。

③其他教学资源。除了上述教学资源，还可以准备与大学英语课程教学方法、需要相对应的一些大学英语教学文件。如课程任务的任务单、评分表、文档资料、练习题等。

（六）基于OBE理念的大学英语翻转课堂教学模式的教学评价设计

基于OBE理念的大学英语翻转课堂教学模式学习产出与学生最后获得的顶峰教学成果相对应，学生的学习评价应该包括以下三个特征：

（1）以学生的学习体验、经历、效果为中心；

（2）学习评价指标是明确的、可理解的；

（3）评价内容是可以量化表示的，就是经过一段时间的学习后能按照之前设定的课程目标对学生的学习成效进行测量。大学英语教学评价还有另外一个目的就是持续改进。

以学生的教学反馈为基础，对学习成果进行分析，强调教学成果的调节功能，通过"观察—诊断—反馈—改进"的闭环循环，使大学英语教学活动始终围绕着教学目标进行。因此，本书结合OBE理念与大学英语翻转教学模式的特点，以多元化的方式对学生进行教学评价，过程性评价与终极性评价相结合，多元主体参与，使评价结果能更客观地反映学生的学习情况，评价体系如图7-5所示。

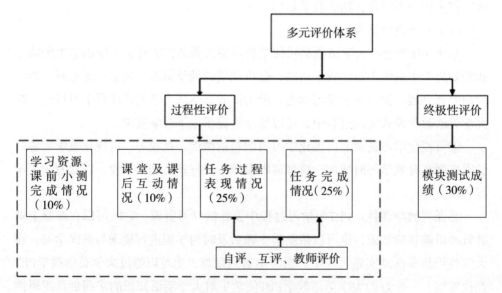

图7-5　基于OBE理念翻转课堂教学模式教学评价体系

1.过程性评价

过程性评价具有动态性、形成性等特点，帮助教师了解学生真实的学习情况，起到提升、改进教学效果的作用。与传统教学模式不同，基于OBE理念的大学英语翻转课堂教学模式的过程性评价除了评判学生知识技能的掌握情况，更注重对学生综合素质能力的衡量，对提升学生核心素养有积极作用。对学生进行过程性评价主要通过填写相关量表进行。

（1）学习资源、课前小测完成情况。利用教学云平台后台统计软件，对学生课前学习资源、课前小测完成情况进行监测，按照一定比例计入课程最终成绩。

（2）课堂及课后互动情况。对学生参与课堂及课后讨论的情况进行统计，根据学生参与讨论的次数、讨论的质量、主动性等进行客观公正的评价。

（3）任务过程表现情况。该部分主要考查学生在完成任务过程中的表现情况，包括学生在合作过程中的参与情况、责任意识、口头表达能力、探究合作能力等，有利于更好地对学生综合能力进行评价。该部分主要通过填写相关量表来确定。

（4）任务完成情况。主要考查学生知识、能力目标的达成情况，该部分由学生自评、互评以及教师评价组成，通过填写相关量表进行。在评价过程中学生可以对照评价量表对自己的课堂表现进行反思，对教学目标有更深刻的认识，对照预期学习成果促使学生对自身的学习情况进行调节和改进。

2.终极性评价

对学生进行终极性评价以考查学生学习成果的达成情况。终极性评价主要对学生可测性成绩进行评价，评价结果更具客观性。通过对学生进行实操考试、测试来对学生知识与技能的掌握情况进行考核。

传统大学英语教学模式通常采用单一的终极性评价，终极性评价能直接反映学生经过一段时间学习后知识与技能的达成情况，但是容易忽视对学生学习过程中的表现进行评判，如综合能力、职业素养提升情况等。基于OBE理念的大学英语翻转课堂教学模式教学评价不是单纯地用于对学生学习情况进行评判，更是为了学生未来的可持续发展。终极性评价与过程性评价相结合，不仅能评判学生知识、技能方面的学习情况，而且有利于培养学生的职业能力，使学生更顺利地走上职业岗位。

参考文献

[1]（美）露丝·科尔文·克拉克，理查德·E.梅耶.数字化学习原理与教学应用：面向用户和设计人员的多媒体学习指南[M].盛群力，冯建超，李艳，等译.北京：中国科学技术出版社，2021.

[2]蔡基刚.中国大学英语教学路在何方[M].上海：上海交通大学出版社，2012.

[3]陈玲.移动互联网下的高效教学模式[M].北京：中国科学技术出版社，2021.

[4]陈细竹.网络时代英语自主学习与教学研究[M].北京：北京日报出版社，2018.

[5]陈阳芳.中国大学生英语口语自主学习动机培养研究[M].上海：上海交通大学出版社，2019.

[6]窦国宁.创客教育理念下的大学英语教学理论与实践[M].北京：企业管理出版社，2021.

[7]段忠玉，林静，吴德.翻转课堂模式中的英语案例教学研究[M].北京：中国书籍出版社，2016.

[8]冯智文.深化大学英语教学改革探索与研究[M].昆明：云南大学出版社，2013.

[9]付道明.数字化学习的优化设计与效果研究[M].厦门：厦门大学出版社，2016.

[10]黄雪梅.现代教育技术下的新型大学英语教学模式研究[M].长春：吉林出版集团股份有限公司，2018.

[11]蒋景东，金晶.高职学生英语学习阻碍机制应对策略"协同"研究[M].杭

州：浙江大学出版社，2016.

[12]康莉.跨文化视角下的大学英语教学：困境与突破[M].北京：中国社会科学出版社，2014.

[13]柯清超.超越与变革：翻转课堂与项目学习[M].北京：高等教育出版社，2016.

[14]李宪美.大学生外语学习焦虑研究[M].合肥：合肥工业大学出版社，2014.

[15]刘蕊.教育生态化视角下高校英语教学创新研究[M].长春：吉林出版集团股份有限公司，2021.

[16]栾岚.移动学习理论及其在大学英语教学中的应用研究[M].哈尔滨：哈尔滨工程大学出版社，2017.

[17]孟丽华，武书敬.网络环境下大学英语教师专业素质发展研究[M].北京：外语教学与研究出版社，2015.

[18]莫英.信息化背景下大学英语教学改革与创新思维[M].成都：四川大学出版社，2018.

[19]任彦卿.基于移动学习系统的大学英语教学研究[M].长春：吉林人民出版社，2019.

[20]史利红.大学英语教学中学习拖延问题研究[M].北京：北京理工大学出版社，2019.

[21]苏一凡.多模态英语教学理论与实践[M].北京：中华工商联合出版社，2022.

[22]苏勇，孙世利，毕崇涛.数字化外语教学研究[M].北京：北京航空航天大学出版社，2009.

[23]谭丁.英语教学与就业能力培养[M].延吉：延边大学出版社，2022.

[24]童琳玲，祁春燕.演进与变革：网络环境下的英语教学研究[M].北京：团结出版社，2017.

[25]王辉.基于移动互联网环境的大学英语词汇习得模式研究[M].成都：四川大学出版社，2019.

[26]王欣，孙珊珊.英语专业教育改革：课程思政与价值引领[M].上海：上海外语教育出版社，2022.

[27]王志敏.外语学习动机激发策略的理论与实证研究[M].北京：光明日报出版社，2014.

[28]朱红，王素荣.信息资源管理导论[M].北京：国防工业出版社，2006.

[29]文旭，徐天虹.外语教育中的课程思政探索[M].重庆：西南师范大学出版社，2021.

[30]吴秉健.教师网络学习共同体与英语教学数字化融合创新[M].北京：世界图书出版公司，2019.

[31]杨静.现代信息技术优化外语教学研究[M].西安：西北工业大学出版社，2019.

[32]杨涛.外语学习倦怠与动机关系研究[M].北京：科学出版社，2015.

[33]俞婕，魏琳.数字化时代大学英语翻转课堂新探索[M].北京：冶金工业出版社，2022.

[34]张豪锋.教育信息化与教师专业发展[M].北京：科学出版社，2008.

[35]淳柳，郭月琴，王艳."双一流"背景下基于OBE的研究生学术英语教学模式改革与实践——以中国石油大学（华东）为例[J].学位与研究生教育，2021（05）：42-47.

[36]战德臣等.MOOC+SPOCs+翻转课堂：大学教育教学改革新模式[M].北京：高等教育出版社，2018.

[37]张春艳.终身学习时代背景下的英语移动学习[M].长春：东北师范大学出版社，2018.

[38]张福涛.翻转课堂理论研究与实践探索[M].济南：山东友谊出版社，2014.

[39]张娇媛.高校英语混合式教学与信息技术应用[M].天津：天津科学技术出版社，2019.

[40]张墨.信息时代背景下大学英语教学方法整合新探[M].长春：吉林出版集团股份有限公司，2021.

[41]张萍.基于翻转课堂的同伴教学法：原理·方法·实践[M].北京：人民邮电出版社，2017.

[42]孙绪华.基于OBE理念的商务英语教学模式构建[J].佳木斯职业学院学报，2018（03）：330-331.

[43]赵常花.媒体融合视角下的大学英语教学理论与实践研究[M].北京：企业管理出版社，2020.

[44]郑茗元，汪莹.网络环境与大学英语课程的整合化教学模式概论[M].北京：中国水利水电出版社，2015.

[45]钟玉琴.大学英语混合式教学探究[M].北京：电子工业出版社，2017.

[46]周文娟.大数据时代外语教育理念与方法的探索与发现[M].上海：上海交

通大学出版社，2014.

[47]李姗.翻转课堂模式在大学英语口语教学中的应用研究[J].校园英语，2021（34）：14-15.

[48]王君，洪庆福，胡志红.大学英语"云班课+OT+翻转课堂"教学模式探索[J].哈尔滨职业技术学院学报，2021（02）：150-154.

[49]王丽娜."互联网+时代"翻转课堂在大学英语教学中的实践[J].新西部，2017（16）：142-143.

[50]王岩."互联网+"视域下的大学英语教学模式建构研究[J].黑龙江科学，2017，8（16）：96-97.

[51]吴若芳.大学英语教学在"互联网+时代"下翻转课堂的实践应用[J].校园英语，2017（32）：20.

[52]杨玲梅.以"互联网+"助推地方工科院校大学英语教学模式改革[J].安徽文学（下半月），2017（09）：132-133.

[53]张冰."互联网+"时代大学英语网络在线课程建设与应用研究[J].智库时代，2019（31）：6+8.

[54]张芳.翻转课堂模式在大学英语读写课中的应用[J].高等职业教育（天津职业大学学报），2016，25（01）：81-84.

[55]郑静.大学英语移动式翻转教学设计探究[J].河北广播电视大学学报，2020，25（01）：82-86.